KB107901

호서대 글로벌창업대학원 창업가들의

퍼스널브랜딩 창업 성공 가이드

vol.1

삶의 나침반이 되는 인생 창업 스토리

호서대 글로벌창업대학원 창업가들의 퍼스널브랜딩 창업 성공 가이드 vol.1

삶의 나침반이 되는 인생 창업 스토리

발행일	2022년 5월 17일
지은이	박남규, 김경민, 전혜린, 이선영, 박상현, 이나경, 김동선, 백경흠, 오정우
지도교수·감수	호서대학교 글로벌창업대학원 창업경영학과장 박남규 교수 / 창업경영전문가
총괄기획	리커리어북스 대표 한현정
편집	배진용
표지, 본문디자인	한수희
펴낸곳	리커리어북스
발행인	한현정
출판등록	제2021-000125호
주소	서울특별시 강남구 언주로134길 6, 202호 A224 (논현동)
대표전화	02-6958-8555
홈페이지	www.recareerbooks.com
제휴 및 기타 문의	ask@recareerbooks.com

ISBN   979-11-974647-2-0 03320 (종이책)   979-11-974647-3-7 05320 (전자책)

vol.1

호서대 글로벌창업대학원 창업가들의

퍼스널브랜딩
창업 성공 가이드

삶의 나침반이 되는 인생 창업 스토리

• • • • • • • • •

박남규 김경민 전혜린 이선영 박상현 이나경 김동선 백경흠 오정우

리커리어북스
Re:career Books

호서대학교
HOSEO UNIVERSITY

이제 개인도 나이키나 스타벅스처럼 자기 브랜드가 있어야만 살아남을 수 있다.

- 경영학자 피터 드러커(Peter Drucker)

변화 앞에 당당히 용기를 낸 호서대 글로벌창업대학원 창업가들의 인생 창업 이야기

2021년 호서대학교 글로벌 창업대학원 창업경영학과 학과장 박남규 교수님 지도로 출간된『열한 가지 찐 창업 이야기』에 이어 두 번째 책 『퍼스널브랜딩 창업 성공 가이드 vol. 1 - 삶의 나침반이 되는 인생 창업 스토리』가 출간됐다.

끝이 보이지 않는 코로나19는 모두의 기대를 비웃기라도 하듯, 현재도 왕성히 진행 중이다. 이제 변화는 선택이 아니라 필수가 되었다. 코로나19로 앞당겨진 미래 앞에 당당히 출사표를 던진『퍼스널브랜딩 창업 성공 가이드 vol. 1 - 삶의 나침반이 되는 인생 창업 스토리』는 그래서 더 애정이 간다.

2020년 코로나가 한창 시작될 무렵이었다. 출산과 육아로 경력이 단절된 후, 2015년부터 시작했던 엄마 성장 커뮤니티 '마미킹'에서 엄마들의 꿈을 담은 책 『꿈을 찾아 떠나는 길, 아티스트 웨이』를 첫 출간했다. 이것이 시작이었다. 먼저 도전한 누군가의 경험이 타인에게 전달되며 꽤 괜찮은 결실이 되어 돌아온 경험이었다. 13명의 공저로 쓰인 이 책은 비장한 목표로 작정하고 달려들었다기보다, 그저 엄마들의 소소한 꿈을 글로 담아보자는 가벼운 시도로 시작되었다. 코로나는 쉽게 만나기 어려웠던 사람들을 온라인상에서 만나게 했고, 시간과 공간을 넘어 각자의 경험을 연결했다. 국내뿐 아니라, 해외에 있는 한인 엄마들도 줌(Zoom)에서 살림과 육아의 시간을 쪼개 독서 모임으로 만났고, 함께 글을 썼다. 이것은 나와 회원들에게 분명한 터닝포인트가 되었다.

위기라는 프레임으로 보면, 부정적인 생각이 먼저 들고 돌파구가 쉽게 보이지 않는다. 『에센셜 리스트』의 저자 그렉 맥커운은 그의 저서에서 작은 성취의 중요성을 강조하며, "거창하게 시작하여 아무것도 이루어내지 못한 채 시간과 노력을 낭비하는 것보다는, 작게 시작하여 작은 성공을 이루어내고, 그로부터 끌어낸 추진력을 기반으로 다음의 성공을 이루어내고, 또 그다음의 성공을 이루어내면서 궁극적인 목표에 도달할 수 있다"라고 말했다. 웹디자인과 웹기획 등의 온라인 기반 경험이 대부분이고, 오프라인 출판의 경험이 전무했던 내가 지금의 퍼스널브랜딩 전문 출판사 리커리어북스를 만들게 된 것은 코로나의 위기가 가져다준 환경 변화에 적응하고자 했던 낱개의 과정들이 없었다면 불가능했다. 위기는 위험과 동시에 기회이기도 하다. 첫 책 이후 두 번째 책 『다시, 꿈을 꿉니다』를 출간할 때까지는 이것이 본격적인 일(job)이 될 거라고는 생각하지 못했다. 두 번의 출판 매니지먼트 경험을 높이 평가해주신 박남규 교수님의 도움으로 호서대학교 글로벌 창업대학원 후배들에게 퍼스널브랜딩 출판을 대학원 수업과 실전 출판과정으로 진행하게 되었다. 이번 『퍼스널브랜딩 창업 성공 가이드 vol. 1 - 삶의 나침반이 되는 인생 창업 스토리』는 리커리어북스가 기획한 다섯 번째 책이다.

퍼스널브랜딩은 자기다움을 발견하고, 자신만의 해답을 찾아가는 과정이다. 그것은 자신이 지금까지 살아오면서 해왔던 경험과 가치철학을 통해 끊임없이 '나는 누구이며 무엇을 할 때 행복하다고 느끼는가?'에 대한 질문과 탐색, 그리고 실패의 극복과정을 통해 가능해진다.

『퍼스널브랜딩 창업 성공 가이드 vol. 1 - 삶의 나침반이 되는 인생 창업 스토리』는 여러분들에게 시행착오를 줄여주는 훌륭한 길잡이가 되어줄 것이다. 각자의 가능성을 발견하고, 자신만의 퍼스널브랜딩을 구축할 수 있도록 헌신적인 지도로 이끌어주신 박남규 교수님과 바쁜 생업 가운데서도 학업과 출판의 고된 과정을 묵묵히 이겨낸 작가들에게 경의와 함께 깊은 감사의 말씀을 드린다.

실리콘밸리의 금언 중에 '무언가를 해내는 것이 완벽한 것보다 더 낫다'라는 말이 있다. 이 책이 2022년 새로운 변화를 준비하고, 자신만의 서사를 담은 퍼스널브랜드를 만드는 데 방향성과 지혜를 줄 수 있기를 희망한다.

2022년 5월
리커리어북스 대표 한현정

100세 시대, 대한민국 모두가 행복한 창업을 꿈꾸며

2022년 4월 현재, 코로나 사태와 우크라이나 전쟁으로 모두가 힘든 시기를 보내고 있다. 병균과 전쟁으로 인한 원자재 수급난은 인플레이션으로 이어져서, 월급만으로는 미래를 준비하기 어려운 시대가 되었다. 2020년 코로나로 촉발된 비대면 언택트 수요는 미래의 온라인 재택근무 환경을 앞당겼다. 2년 이상 유지된 비대면 방식의 일상은 생활 방식을 바꾸면서 새로운 문화가 되었다. 이전으로 돌아가기보다는 Zoom을 활용한 온라인 미팅이 더 익숙한 것은 나만의 생각은 아닐 것이다.

2000년 인터넷의 출현, 2010년 애플사의 아이폰(iPhone)을 시작으로 내 손안의 PC 스마트폰의 출현, 2020년 테슬라의 전기차 모델 3(Model 3)를 시작으로 OTA[1]와 FSD[2] 구현과 같은 혁신적인 제품·서비스는 10년 주기로 일상생활에서 새로운 사고방식과 생활 양식의 문화를 창조해왔다. 2030년 기술 트렌드를 대비하여 어떤 준비를 해야 할 것인가?

---

[1] Over The Air: 무선으로 언제 어디서든 인터넷만 연결이 되면(차량내부 wi-fi) 업데이트가 되는 것
[2] Full Self Driving: 완전 자율주행으로 총 5단계가 있으며 현재는 2단계에 해당

상상이 현실이 되는 세상, 10년 후의 미래를 상상하며

2010년 6월 상상했던 일들이 2022년 3월 현재 그대로 실현되고 있다. 그렇다면 2030년에는 어떤 일들이 일어날 것인가? 10년 후의 미래는 다음과 같을 것이다.

• 전문가의 시대

인터넷에서 해당 분야 전문가를 검색한다. 유튜브 전문가 추천 서비스에서 가장 키워드에 최적화된 전문가의 정보 자료가 검색된다. 특히 1분 이내의 소개 영상을 통해 전문가를 파악하고, 랜딩사이트에 접속하여 프로젝트를 의뢰한다. 전문가는 가격과 시간이 맞으면 즉시 프로젝트를 수락하고, 블록체인과 결합된 메타버스[3]에서 아바타[4] 미팅을 진행한다.

인터페이스로는 HMD[5]를 머리에 쓰고, 손에는 햅틱[6]장갑을 끼고 현실에서와 똑같은 가상의 사무실에서 업무를 처리한다.

---

3   metaverse: 가상, 초월을 의미하는 '메타(meta)'와 세계, 우주를 의미하는 '유니버스(universe)'를 합성한 신조어, 3차원에서 실제 생활과 법적으로 인정한 활동인 직업, 금융, 학습 등이 연결된 가상 세계

4   avatar: 사용자가 자신의 역할을 대신하는 존재로 내세우는 애니메이션 캐릭터

5   Head Mounted Display: 머리 부분에 장착해, 이용자의 눈앞에 직접 영상을 제시할 수 있는 디스플레이 장치

6   haptic: 사용자에게 힘, 진동, 모션을 적용함으로써 터치의 느낌을 구현하는 기술

• 유튜브가 스승, AI는 비서

미래에는 체험교육도 유튜브에서 가능할 것이다. 유저 인터페이스 (UI, User Interface)의 발달은 2D 화면에서 벗어나 가상의 3차원 AR[7], VR[8] 기술의 발달로 시각, 청각 이외에도 후각, 미각, 촉각을 통해 실제와 구분이 어려울 정도의 정교한 체험이 가능해질 전망이다. 각자의 콘텐츠는 메타버스 환경에서 비즈니스 모델의 중심에 있으며, 필요한 정보는 차량 이동 중에도 학습이 가능하게 된다. AI[9]는 자율주행에서 기사 역할을 톡톡히 해낼 것이다. 테슬라 전기차는 자율주행 분야에서 가장 앞서고 있으며, 기술적으로는 비전 기반의 정보 축적으로 스스로 진화하는 단계에 접어들었다. 자율주행 3단계부터는 운전의 책임은 제조사에 있으며, 4단계는 완전 자율주행 단계에 접어들고 5단계는 핸들이 생략되는 단계이다. 2030년에는 집을 나서면 전기자동차가 목적지에 스스로 도착하며, 이동 중에도 학습, 영화감상, 휴식 등 다양한 활동을 할 수 있게 된다. Door to Door 생활 방식이 가능하게 될 것이다. 메타버스 환경과 자율주행 기술은 시간과 공간의 경계를 없애며, 주거 환경에서는 자신이 선호하는 시골에서도 모든 것을 할 수 있는 환경이 될 것이다.

---

7 Augmented Reality(증강현실): 실제로 존재하는 환경에 가상의 사물이나 정보를 합성하여 마치 원래의 환경에 존재하는 사물처럼 보이도록 하는 컴퓨터 그래픽 기법

8 Virtual Reality(가상현실): 가상의 세계에서 사람이 실제와 같은 체험을 할 수 있도록 하는 최첨단 기술

9 Artificial Intelligence: 인공지능

• 모든 지식콘텐츠가 보호받는 시대

블록체인과 가상화폐로 개인 콘텐츠의 수익화가 가능하다. 이전에는 창작한 콘텐츠에 대한 사용 여부를 추적하기가 어려웠다. 데이터를 다른 사람한테 전달하였을 때, 무형의 데이터 유통에 대한 정보 추적이 어려우며 보호를 받을 수 없는 상황이었다.

가장 강력하게 보호를 받는 부분이 음원과 출판 분야이다. 보호를 받을 수 있는 이유는 음원과 출판의 특성상 불특정다수를 대상으로 노출되는 특성이 있기 때문이다. 누구나 정보 접근이 가능하고 이용한 흔적을 확인할 수 있는 기록 수단이 있기에 가능하다. 반면 개인이 창작한 설계 정보나 콘텐츠 정보는 정보 사용의 은밀성으로 유통 및 사용에 대한 과금이 불가능하다.

그러나 블록체인과 연결된 정보는 사용한 흔적들이 각각의 노드[10]라고 불리는 개인 컴퓨터에 모두 기록·저장되므로 사용 이력에 대한 추적이 가능하며, 과금이 가능하게 된다. 그러므로 블록체인 기술과 결합된 지식콘텐츠는 이력 추적이 가능하게 되어 과금이 가능한 환경 하에 있게 된다.

• 디지털화폐의 출현과 지식산업의 활성화

디지털화폐의 출현은 정보의 폐쇄성으로 인해 보호받지 못하고 사각지대에 놓여 있는 지식콘텐츠의 권리를 보호할 수 있게 된다. 지식

---

[10] node: 대형 네트워크에서는 장치나 데이터 지점(data point)을 의미. 개인용 컴퓨터, 휴대전화, 프린터와 같은 정보처리 장치에 해당

콘텐츠에 블록체인 기술이 접목되어 이력 추적이 가능하게 된다. 이력 추적과 함께 디지털화폐(가상화폐)로 즉시 과금이 가능하게 된다. 블록체인 기술과 디지털화폐(가상화폐)는 새로운 비즈니스 생태계를 탄생시킬 것이다.

• 결제 비용 제로와 은행 없는 세상의 도래

결제 비용은 금융결제와 제품전달의 양방향 동시성으로 인하여 한쪽이라도 이행이 되지 않을 위험에 대한 헷지[11]를 위하여 지급하는 비용이다. 결제와 유통에 대한 위험에 대하여 중간 유통 에이전트(Agent)가 개입하면서 비용이 상승한다. 예로, 부동산 거래에서 거래 위험을 줄이기 위하여 공인중개사에게 수수료를 지급한다. 온라인 결제에서 카드사를 이용하는 것은 신용결제 수수료가 발생하더라도 거래 위험을 카드사가 부담하는 구조이다.

그러나 블록체인 기술은 제품·서비스에 대한 이력 확인의 신뢰성과 편리성 및 결재의 편의성으로 거래 위험을 원천적으로 제거한다. 블록체인 기술이 보급되면 블록체인 기반의 디지털화폐(가상화폐)를 중개하는 플랫폼 채널이 활성화되며, 은행 기능을 대체할 것이다. 거래 수수료가 없으며, 다양한 디지털화폐(가상화폐)의 환전에 따른 수수료 수입으로 운영되는 비즈니스 플랫폼이 탄생할 것이다.

---

11 hedge: 울타리, 대비책이라는 뜻으로 외부로부터의 위험을 피한다는 의미

• 프로슈머의 신자급자족 시대의 도래

3D 프린터가 가정에 보급되면서 설계 데이터를 스스로 생산하거나 기존 데이터를 전송받아 출력해서 사용하는 문화가 도래할 것이다. 필요한 부분을 직접 디자인하거나, 타인이 만든 설계 데이터를 구매하여 3D 프린팅 장비를 통해 직접 제작한다. 물건이 오가는 것이 아니라 데이터가 유통되는 시대가 도래할 것이다. 가정에서 데이터를 3D 프린터로 출력하여 직접 만들어 사용하는 신자급자족(新自給自足) 문화가 대세가 될 것이다.

• 비용 제로 사회의 도래

2030년 스마트홈 기술은 에너지 제로 하우스[12]의 시대를 가능하게 할 것이다. 집에서 배출되는 모든 쓰레기는 에너지로 재생되며, 태양광발전 효율의 상승 및 전기저장 기술의 발전은 유지비용 제로 하우스의 시대를 열게 된다. 집의 냉난방과 취사에 사용되는 모든 에너지는 집에서 자급자족이 가능하게 된다. 집을 한번 지으면 이후에는 유지를 위한 비용이 발생하지 않으므로 삶의 질이 향상된다. 전기자동차는 스마트홈에서 전기를 저장하는 댐 기능을 할 것이다. 남는 전기는 스마트그리드[13] 기술에 의하여 매매되며 가정의 재정에 도움을 줄 것이다. 도심 거주에 대한 주거비와 자동차의 불필요, 공유경제, 전기

---

12 외부로부터 에너지를 공급받지 않고 자체적으로 에너지를 생산·사용하며, 내부의 에너지가 외부로 유출되는 것을 차단하여 에너지를 절약하는 친환경 건축물
13 smart grid: 전력 공급자와 소비자가 실시간 정보를 교환함으로써 에너지 효율을 최적화하는 차세대 지능형 전력망

자동차 및 에너지 제로 주택 기술의 발전과 자급자족형 도시농업 환경은 고정비용이 없는 윤택한 전원생활을 가능케 한다.

• AI와 인간의 차별화된 영역, 콘텐츠 시대의 도래

과거의 서플라이 체인(SCM, Supply Chain Management) 관점에서 소비자에게 제품·서비스가 제공되기까지 원재료 구입, 제조, 유통, 판매라는 일련의 과정을 거쳤다면, 현재는 개인별 바코드에 해당하는 스마트폰을 중심으로 네트워크, 플랫폼, 디바이스, 콘텐츠가 부가가치에 관여한다. 네트워크는 통신속도로 5G에 해당하며 주로 통신인프라에 해당한다. 플랫폼은 오퍼레이팅 시스템으로 애플 진영은 iOS, 안드로이드 진영은 android OS가 이에 해당한다. 디바이스는 스마트폰 제조업체로 애플폰과 삼성폰, 중국폰이 대표적이다. 콘텐츠는 어플리케이션으로 아이디어를 앱(App)형태로 만든다. 이를 줄여서 N.P.D.C. 로 표현하며, Network, Platform, Device, Contents라고 한다. 10년 후에 기술은 진화할 것이다. 기술은 성숙할 것이나 소비자가 체감하는 만족도에서는 Contents 이외에는 차이점을 인지하지 못하게 될 것이다. 통신속도가 빨라지고, 반응속도가 빨라지며, 스마트폰의 기능이 추가되어도 인간의 인지능력으로는 미래에도 지금과 똑같이 느낄 것이다. 반면 새로운 앱(App)은 계속 진화를 거듭하며, 메타버스 환경에서 새로운 비즈니스 환경에 노출되며 각 개인 퍼스널브랜드 기반으로 N잡러들의 활동은 가속화될 전망이다.

• 인플루언스 시대의 도래와 퍼스널브랜드 창업

4차 산업혁명과 100세 시대의 메가트렌드는 새로운 관점에서의 마케팅 접근을 요구한다. 사회관계망서비스(SNS, Social Network Service)에서 활동하는 인플루언서(influencer)는 팬덤[14]을 형성하며 새로운 트렌드를 주도하고 있다. 인플루언서는 타인에게 영향력을 끼치는 사람이라는 뜻으로, influence와 '-er'이 합쳐진 신조어이다. 주로 SNS상에서 영향력이 큰 사람을 일컫는다. 인터넷이 발전하면서 소셜미디어의 영향력이 확대되면서, 소셜미디어를 통해 일반인들이 생산한 콘텐츠가 대중미디어 이상의 영향력을 가지게 되었다. 인플루언서들이 SNS를 통해 공유하는 특정 제품 또는 특정 브랜드에 대한 의견이나 평가는 콘텐츠를 소비하는 이용자들의 인식과 구매 결정에 커다란 영향을 끼친다.

이들은 연예인처럼 외모나 퍼포먼스로 인기를 얻지도 않음에도 불구하고, 자신들이 자체적으로 생산하는 문화콘텐츠를 통해 큰 파급력을 가진다는 특징이 있다. 인플루언서의 또다른 특징은 퍼스널브랜드를 기반으로 수익구조를 실현하고 있다는 것이다. 이를 퍼스널브랜드 창업이라고 한다. 퍼스널브랜드 창업이란, 전문가로서 인정받아 자신의 이름을 걸고 강의, 컨설팅, 멘토링, 심사, 조언 및 용역개발, 과제수행을 하는 1인 창업의 형태이다.

---

14 fandom: 가수, 배우, 운동선수 따위의 유명인이나 특정 분야를 지나치게 좋아하는 사람이나 그 무리

10년 후, AI와 행복한 창업을 준비하며

2020년 메가트렌드를 기반으로 2030년 메타버스 환경에서 AI를 활용한 나만의 비즈니스 모델을 만들기 위해 준비해야 할 것은 다음과 같다.

• 명확한 미션과 비전이 반영된 퍼스널브랜드를 준비하자

세상과 차별화되는 자신만의 분야를 개척하는 것이 중요하다. 지금은 미흡하지만 10년 후의 나의 분야를 지금부터 준비하는 것이 중요하다. 여러분의 상상력이 필요하다. 세상이 필요로 하는 곳에서 내가 하고 싶은 분야와 앞으로 준비할 수 있는 분야를 일치시키는 노력이 필요하다.

이러한 과정은 방향을 잡는 작업이다. 방향은 처음부터 쉽게 정해지지 않는다. 계획된 실패를 통해서 타당성을 검증하는 과정이며, 이를 창업이라고 정의한다. 방황을 통해서 방향이 잡힌다. 거주하고 있는 동네를 파악하려면 산책과 같은 방황이 필요하다. 방황에는 지피지기의 정신이 녹아 있다. 치열한 방황은 건물을 높이 세우기 위해서 구덩이를 넓고 깊게 파는 것과 같다. 남들이 겪지 않은, 힘든 고난은 인생의 높은 성공 업적이라는 건물을 올리기 위한 터파기 작업이다. 남들과 차별화된, 나만을 수식하는 키워드 3개를 개발하자.

• 레퍼런스를 만들자

레퍼런스는 증거자료이다. 세상은 나의 레퍼런스로 나를 판단한다. 레퍼런스의 구축 결과는 인터넷에 검색되는 키워드이다. 네이버 인물 검색에 자신의 이름이 검색되는 것이 1차 목표가 되어야 한다. 과거에는 나를 아는 친구나 동료의 평가가 나의 레퍼런스였다면, 지금은 온라인상에서 나의 연관검색어가 레퍼런스가 되는 시대가 되었다.

레퍼런스는 자신의 책, 학위논문, 등재논문, 사업계획서를 통한 투자유치 실적 및 결과물, 강의 콘텐츠 개발을 통한 유튜브 영상자료, 석·박사 학위, 자격증 등이다. 레퍼런스는 개인의 역량을 보증하는 증서이다. 공인된 방식의 자격 검증 방식을 따르는 레퍼런스를 통해 자신이 어떤 일을 하고 있는지 세상에 어필해야 한다.

• 출판의 가성비를 활용하자

출판은 레퍼런스로서 가장 가성비가 좋다. 저자의 의도를 가장 잘 전달할 수 있으며, 출판 형식도 다양하다. 책은 내용 품질과는 별개로 휴지통에 들어가지 않는다. 정서적으로 책이기 때문에 소중히 다룬다. 일반적인 제안서나 소개서 형식은 책장에 보관되지 않지만, 책은 진열된다. 책을 소중히 여기는 문화가 있기 때문이다.

책을 출판하는 것은 생각보다 쉽다. 책 출판을 출판사가 주도한다고 생각하면 그것은 출판에 대한 고정관념이다. 자비출판을 통해 쉽게 출간할 수 있다.

• 출판을 시작으로 자신의 인생 방향성을 세우자

출판은 자신과의 싸움이다. 스스로 방황을 해보는 과정이다. 책을 쓰자니 무엇을 말해야 할지 모르겠고, 막막함과 마주하게 된다. 일을 만들어서 고민하는 것이다. 여기 공저자들은 출간에서는 초보자들이다. 멋진 경력과 문체를 뽐내기 위한 책이 아니다. 인생을 진지하게 고민하고 미래를 준비하기 위해 어려운 여정에 나선 용기 있는 분들이다. 그리고 첫걸음을 떼는 데 성공한 분들이다. 책을 통해서 인생 방향성을 세우고 자신만의 포지셔닝을 찾은 분들이다. 그 결과물이 이름을 수식하는 퍼스널브랜드이다. 창업생태학자, 인생창업네비게이터, 창업경영전문가가 나를 수식하는 퍼스널브랜드이다.

같이할 수 있는 인생 친구를 만나서 반가울 뿐이다. 이해해주고 같이 동참해주신 리커리어북스 한현정 대표를 비롯해 호서대학교 글로벌창업대학원 학생들에게 진심으로 감사의 마음을 전한다.

10년 후의 전문가들과 함께하며

지난 2021년 겨울과 2022년 봄을 맞이하며 24명의 출판 전사들은 매주 토요일 저녁 8시부터 11시까지 화상 프로그램 화면에서 강의와 회의를 하면서 치열한 작업을 진행하였다. 처음에는 28명으로 시작했지만 몇 분은 다양한 이유로 중간에 그만두기도 했다. 24명의 최종 완주자들은 앞으로 3권의 출판을 통해 전문가로 활동할 것이다.

나의 지혜가 아닌 하나님의 은혜로 진행되었음을 고백한다. 참여한 모든 분에게 축복이 함께하기를 기도하며 감사의 말씀을 드린다.

2022년 5월

저자 대표 박남규

/ 목차 /

입시취업디렉터가 알려주는 1인 지식 창업
/ 국내 1호 입시취업디렉터 김경민

저는 손재주로 먹고삽니다
/ 핸드메이드크리에이터 전혜린

퍼스널브랜딩 도전기, '나를 검색해봐요'

/ 미래 이커머스 전문가 이선영

사업계획서는 공감이다

/ 공감 사업계획자 박상현

두 번의 전직으로 인생을 창업하다

/ 취·창업지원 전문가 이나경

입시취업디렉터가 알려주는 1인 지식 창업

1. 지식 창업, 삶의 터닝포인트가 되다
2. 1인 지식 창업, 이것만은 알고 시작하자
3. 나는 아직도 하고 싶은 일이 많다

김경민
국내 1호 입시취업디렉터

김경민 / 국내 1호 입시취업디렉터

◇ **학력**

연세대학교 신촌캠퍼스 문과대학 졸업

◇ **경력 및 이력**

마스터스컨설팅(www.masterslab.co.kr) 대표

연간 500건 이상의 입시, 취업 컨설팅 진행

성남시장 표창

SBS 시사 프로그램 출연

헤럴드경제 교육 분야 인터뷰

◇ **이메일**

master@masterslab.co.kr

집필동기

인생은 '선택'의 연속이다. 사소한 것부터 삶을 바꾸는 중대한 결정에 이르기까지, 우리는 언제나 선택의 갈림길에 서 있다. 창업은 분명 누구에게나 중요한 선택이다. 많든 적든 사업자금과 노력이 드는 데다, '시간'이라는 유한하면서도 결코 대체할 수 없는 자원을 써야 하기 때문이다. 그렇기에 창업에는 철저한 준비와 노력이 필요하다.

1인 지식 창업은 충분히 매력적이다. 고민하고 노력하는 만큼 결과가 나온다. 하지만 어떻게 창업해야 할지 모르는 사람들이 많다. 우여곡절 끝에 사업을 시작하더라도, 일정 수준 이상 수익을 거두기는 결코 쉽지 않다. 홍보가 제대로 되지 않거나 서비스 경쟁력이 떨어지면 시장 안착에 실패하게 된다.

직장생활을 그만두고 1인 지식 사업가(입시취업디렉터)로 몇 년간 생활하며 배우고 느낀 점이 많았다. 언젠가 기회가 된다면 내 노하우와 경험을 나누고 싶었다. 그러다 호서대 글로벌창업대학원생들과의 공저라는 좋은 기회가 생겨 용기를 냈다. 이 책에는 창업 성공 필승 비법이나 깊이 있는 이론은 없다. 하지만 내 경험과 시행착오, 노하우가 1인 지식 창업을 고민하는 사람들에게 도움이 되었으면 한다. 모든 업종과 분야에 통용되지는 않겠지만, 분명 어느 정도는 참고할 만한 내용이 있으리라 믿는다.

삶이 생각하는 대로만 흘러가면 얼마나 좋을까. 원하는 일들을 모두 이루는 삶, 어떤 역경도 없는 인생은 게임이나 영화 속에만 존재한다. 현실에는 성공만 하는 사람은 없다. 때로는 결코 마주하고 싶지 않았던 현실과도 악수해야 한다. 그게 인생이고, 삶의 순리이다. 부단한 준비와 노력, 약간의 행운이 어우러져 성공 확률을 높인다. 이 글이 여러분의 준비와 선택, 행동에 좋은 동기부여가 되길 바란다.

지식 창업,
삶의 터닝포인트가 되다

세상의 중요한 업적 중 대부분은, 희망이 보이지 않는 상황에서도 끊임없이 도전한 사람들이 이룬 것이다.

- 데일 카네기(Dale Carnegie)

나는, 디지털 노마드다

여유와 자유를 얻다

나는 컴퓨터 한 대만 있으면 전 세계 어디서든 일할 수 있다. 특정 시즌을 제외하고 하루에 5시간 미만으로 일한다. 코로나19 사태 전에는 아내와 해외여행도 수시로 다녔다. 나이아가라 폭포가 보이는 호텔에서, 와이키키 해변의 카페에서, 오키나와의 절경이 펼쳐진 언덕에서 일한 적도 있다. 필요하면 업무량도 적절히 조절한다. 자유로우면서도 그 누구의 눈치도 보지 않는다. 인간관계에서 오는 스트레스도 없다. 진정한 디지털 노마드(Digital Nomad, 시간과 장소 구애 없이 일하는 디지털 유목민)의 삶이다. 이 모든 것이 1인 지식 창업이 가져온 결과물이다. 직장생활을 할 때는 결코 상상할 수 없던 현실이다.

6년 전, 30대 중반에 1인 지식 창업(입시컨설팅)을 선택했다. 돌이켜보면 뭐 하나 제대로 준비되지 않은 상태였다. 그저 나 자신에 대한 근거 없는 자신감, 온라인 광고대행사 생활로 얻은 얕은 마케팅 지식이 전부였다. 사업자금도 부족했고 주변에 창업 경험자도 없어 도움이나 조언을 구하기도 어려웠다. 하지만 스스로 하나하나 깨우치며 내공을 쌓았고, 방향을 잡아나갔다. 시간이 지나며 입시컨설팅에서 취업컨설팅으로 분야를 확장했고, 그간 쌓은 노하우로 다른 사람들과 협력하여 스몰 비즈니스를 진행하기도 했다.

창업은 내게 축복 같은 선택이었다. 무에서 유를 창조할 수 있음을 알게 되었으며, 삶을 온전히 주도적으로 설계하게 되었기 때문이다. 직원으로 근무할 때와는 비교할 수 없이 주도적인 사람으로 바뀌었다. 수년간의 경험을 통해 나름의 스몰 비즈니스 성공 모델을 세웠으며, 자신감도 생겼다. 하지만 20대 때만 해도 지금의 여유로운 모습을 상상조차 할 수 없었다. 대학생이던 시절, 신촌의 한 평 남짓한 고시원이 내 보금자리였고 단돈 만 원도 절실했다. 늦은 졸업에 막막해하기도 하고, 직장생활에 어려움을 겪기도 했다. 동업에 실패해 돈과 인간

관계를 잃은 경험도 있다.

여러 시행착오와 시련을 겪다

20대, 돈과의 사투를 벌이다

'생존을 위한 투쟁', 내 20대를 함축하는 말이다. 고등학생일 때,
IMF로 가세가 급격히 기울었다. 학원에 가거나 참고서 사는 일도 사
치일 정도였다. 그러나 기죽지 않고 열심히 공부했다. 좋은 대학만 가
면 분명 삶이 달라질 것이라 믿었다. 그렇게 연세대학교 신촌캠퍼스에
입학했다.

세상은 불공평하다. 누구나 알면서도 쉽사리 꺼낼 수 없는 명제다.
소위 말하는 명문대에 들어갔지만, 드라마틱한 인생 변화는 없었다.
오히려 더 혹독한 현실과 마주해야 했다. 스펙 쌓기나 미래 설계 대신
생활비를 버는 데 급급했다. 오늘 일하지 않으면 당장 굶어야 하는 상
황이었다. 그런 나에게 대학 생활의 낭만은 사치였다. 방학 때마다 쉬
지 않고 돈을 벌어야 했던 내게, 동기들의 해외여행 경험담이나 유학
계획은 다른 세상 이야기였다.

그래도 한 가지, 지식을 전달하는 일에 재능이 있어 다행이었다. 1
학년 때부터 과외와 학원 강의를 시작했고, 평판이 나쁘지 않아 소개

가 이어졌다. 몸은 무척 힘들었지만, 등록금과 생활비를 벌 수 있었다. 그러나 안 좋은 가정사가 생겨 여러 번 휴학과 복학을 반복하며 졸업도 늦어졌다.

광고대행사 스타트업에 합류하다

졸업 후, 27살 늦은 나이에 구청 공익근무요원 생활을 시작했다. 병역 의무를 마치면 29살이었기에 진로 고민이 많았다. 처음에는 대학에서의 사교육 경력을 살려 그 길로 나가려 했다. 구청으로부터 정식 허가를 받고 과외 교습소도 운영했다. 하지만 내심 새로운 경험에 대한 갈급함이 있었다. 한 가지 일만 하다 보니 답답하기도 했다. 결론을 내지 못한 채 시간이 흘러 전역을 몇 달 앞둔 시점이 되었다. 평소 친하게 지내던 형에게 고민을 털어놓았는데, 본인이 직장을 그만두고 광고대행사를 차리려는데 합류하겠냐고 제안했다. 연봉은 2천만 원, 과외 교습소 수입의 절반에도 미치지 못했다. 전역 후 사교육 시장으로 본격적으로 진출하면 못해도 한 달에 400~500만 원 이상은 벌리라 자신했었다. 하지만 온라인 마케팅이라는 전혀 생소한 분야에 대한 호기심이 나를 자극했다. 뭔가 새로운 길이 열릴 것만 같았다. 그렇게 제안을 수락했고, 소집해제 후 스타트업에 합류했다.

시작은 즐거웠다. 회사생활을 한다는 사실도 설   고 누군가를 가르치는 일이 아닌, '업무'를 한다는 자체가 흥미로웠다. 그러나 즐거움은

단 며칠밖에 가지 않았다. 나는 생각보다 할 줄 아는 게 없었다. 온라인 마케팅 특성상 모든 업무가 컴퓨터로 이뤄졌다. 실적 보고서도 엑셀로 작성하고 마케팅 용어와 개념도 알아야 고객사 응대가 가능했다. 하지만 컴퓨터로 하는 작업이 익숙하지 않은 데다, 마케팅에도 문외한이라 적응하기 어려웠다. 대표님의 제안으로 들어왔다는 사실을 다른 직원들도 알았기에 눈치가 보였다. 처음 접하는 회사생활이라 서툰 점도 무척 많았다. 다들 말은 안 해도 답답한 기색이 역력했다. 자괴감이 커져 무척 힘들었다. '학벌만 좋고 능력은 없는 사람', 그게 나였다. 어떻게 해서든 상황을 반전시켜야만 했다.

노력이 답이었다

흔한 이야기지만 뭐든지 노력이 기본이다. 노력하지 않고 발전이나 성취를 바라는 건 욕심이다. 그때의 나도 마찬가지였다. 빨리 사람들에게 인정받으려면 노력밖엔 답이 없었다. 우선 온라인 마케팅 책을 사서 읽으며 관련 지식을 익혔다. 모르는 용어, 생소한 내용투성이었지만 일단 닥치는 대로 외웠다. 퇴근 후에는 회사에서 쓰는 업무 툴과 플랫폼 기능을 익히며 시간을 보냈다. 실무에 필요한 프로그램 능력도 길렀다. 그럼에도 불구하고 나 말고 모두 경력자들이었기에, 업무진행 간 부족함이 많아 지적받기 일쑤였다. 하지만 시간이 갈수록 직무 역량과 고객사 응대 스킬, 직무 지식 노하우가 쌓여 제 몫을 하게 되었다.

그 후 회사도, 나도 3년 동안 많이 성장했다. 홈페이지 기획부터 마케팅 전략 수립 능력, 소통 역량을 갖추게 되었다. 능력을 인정받아 중간관리자로 20명의 직원들을 관리하게 되었다. 동네 학원부터 음식점, 재수종합학원, 업계 1위 영어 교육업체, 출판 대기업, 정부기관, 공기업 등 실로 다양한 곳의 마케팅 경험이 쌓였다. 무엇보다 '어떻게 하면 고객 유입을 이뤄내고 매출을 올리는지'를 배웠기에 의미 있었다. 연봉도 업계 평균으로 보면 적은 수준은 아니라 비교적 안정적인 생활이 가능했다. 하지만 어느 순간, '이 일이 정말 하고 싶은 것인가?'라는 생각이 들었다.

퇴사, 호기롭게 시작한 동업, 그리고 실패

살다 보면 일단 행동해야 하는 순간이 있다. '장고 끝에 악수 둔다'라는 바둑 명언처럼, 고민이 길면 이도 저도 아닌 게 된다. 퇴사를 고민할 때가 그런 순간이었다. 특별한 문제는 없었지만 갈수록 성취감이 떨어졌다. 뭔가 '내 일'을 하고 싶었다. 회사생활로는 인생의 반전을 도모하기 어렵다고 판단했다. 대행사의 한계, '어쩔 수 없는 을'의 위치도 점점 싫어졌다. 삶을 온전히 만끽하지 못하고 끌려다니는 기분이 들었다. 하지만 당시 결혼을 앞두고 있었기에 안정적인 월급을 포기하기가 쉽지 않았다. 그때 지금 아내의 '일단 마음 가는 대로 해보라'라는 응원이 큰 힘이 되었다. 회사에 계속 다니며 창업을 준비한 후, 적절한 타이밍에 퇴사할 수도 있었으나 예의가 아니라고 생각했다. 결론이 난 이상, 회사에 누가 되고 싶지 않아 퇴사를 감행했다.

　일단 나왔는데, 뭘 해야 할지 막막했다. 제대로 준비하지 않은 상태여서 마음이 조급했다. 그러던 중, 평소 친하게 지내던 분이 동업을 제안했다. 내가 가진 마케팅 기술과 능력으로 온라인 유통 사업을 해보자는 내용이었다. 자신은 영업을 담당하겠다고 했다. 각각 2천만 원씩 투자해 법인을 세워 공동대표가 되기로 했다. 아내는 동업을 말렸지만, 워낙 친분이 있었고 인간적으로도 잘 안다고 생각했기에 밀어붙였다. 그러나 믿음이 깨지는 데는 불과 몇 달도 걸리지 않았다. 명확한 아이템 없이 시작한 동업은 처음부터 잘못이었다. 유통은 각자의 전문 분야도 아니었기에 기대만큼 성과가 나지 않았다. 학습하는 시간도 필요했다. 서로 불안감이 커지는 만큼 대화도 줄어들었다. 그렇게 6개월 만에 2천만 원의 수업료를 지불하고 동업 관계를 정리했다.

결국, '내가 잘하는 일'을 하기로 했다

입시컨설팅을 선택하다

동업 실패로 돈과 인간관계를 잃어 잠시 슬럼프를 겪었다. 동시에, 앞으로 무엇을 할지에 대해서도 깊이 고민했다. 벌써 30대 중반이었다. 대학 동기들이나 친구들은 하나같이 잘나가는데 나만 아직도 자리를 못 잡은 것 같아 자괴감이 들었다. 하지만 조급해하지 말고 일단 '잘할 수 있는 일'을 고민했다. 온라인 마케팅 경험과 역량까지 적절히 발휘할 분야를 생각하다, 문득 입시컨설팅이 떠올랐다. 가르치는 일도 선택지 중 하나였으나 긴 공백기간으로 교과 과정도 많이 바뀌어 쉽지 않겠다고 판단했다. 마침 회사생활을 하며 입시컨설팅 업체를 홍보한 적이 있었기에 일에 대한 기본적인 이해도가 있었다. 그래도 더 많은 내용을 알아야겠다고 생각해 바뀐 입시에 대해 살펴보았고, 할 수 있겠다는 확신이 생겼다.

경쟁력과 차별성 확보를 위한 노력

1인 지식 창업에서 시장조사, 브랜딩, 홍보, 서비스 기획도 중요하지만 일단 기본적인 경쟁력을 확보해야만 한다. 고객의 만족을 끌어내는 수준이 되어야 입소문이 나고, 매출 증대를 기대할 수 있다. 입시컨설팅으로 창업 아이템을 정하고 난 뒤 '6개월 후 창업'을 목표로 사전 준비에 들어갔다.

먼저, 바뀐 입시 상세 내용을 숙지하는 일이 필수였다. 이를 위해 입시컨설팅 관련 책이나 자료를 참고하는 대신, 각 학교 홈페이지에 올라와 있는 입시 요강을 먼저 분석했다. 요약되거나 편집된 자료가 아니라 각 학교의 공식 자료를 꼼꼼히 분석함으로써 세부적인 내용까지 놓치지 않으려고 했다. 생소한 용어나 내용이 나오면 하나하나 찾아가며 정리했다. 서울대, 연세대, 고려대부터 수도권 및 지방 주요 대학들의 모집 요강을 모두 취합해 분석했다. 그러자 각 학교가 추구하는 입시 방향이 명확히 보였고 공통적으로 중시하는 요소가 무엇인지 알게 되었다.

당시 입시컨설팅의 핵심은 학생의 성적이나 비교과로 과연 어떤 대학에 갈 수 있을지를 판단하는 데 있었다. 각 대학의 입시 요강 분석 작업을 마무리한 후, 3년간의 입시 결과를 분석했다. 그러자 전형 방식의 변화가 입시 결과에 미치는 영향을 이해하게 되었으며 흐름을 보는 눈도 생겼다. 주요 대학과 학원들의 입시 설명회도 부지런히 찾아다녔다. 단순히 홈페이지를 통해 얻을 수 있는 정보 외에도 실제 해당 대학 입시에 도움이 되는 팁을 많이 얻었다. 몸은 피곤해도 점점 노하우가 쌓여간다는 생각에 더욱 바쁘게 움직였다. 그렇게 6개월쯤 지나자 입시컨설팅에 자신이 생겨 사업자를 내고, 사무실을 얻었다.

세상에 같은 일을 하는 사람들은 무척 많다. 어디든 'only one'은 없다. 늘 경쟁자가 있기 마련이다. 따라서 나만의 차별화 포인트를 설정하는 일이 중요하다. 차별화 포인트는 그 자체로 훌륭한 마케팅 소구점(상품 수요자에게 어필하는 부분이나 측면)이 된다. 나는 후발주자였다. 이미 입시컨설팅 시장에는 대규모 자본으로 움직이는 학원과 업체들이 많았다. 사업자금도 그리 많지 않았다. 어떻게 차별화 포인트를 잡을지 고민이 커졌다. 후속 업체라는 핸디캡을 극복할 전략이 필요했다. 그렇게 떠올린 것이 바로 '출장컨설팅'이었다. 시장조사를 하며, 지방은 상대적으로 컨설팅 인프라가 취약함을 알았다. 몇몇 학부모님들과 인터뷰를 하며 지방의 경우 학교에만 의존하기에 제대로 수시를 준비하기 어렵다는 이야기도 들었다. 출장컨설팅이라는 방식을 통해 지방 수요를 공략할 수 있고, 그 자체로 차별화 요소가 될 것으로 생각했다. 거의 모든 입시컨설팅 업체나 학원은 학생이나 학부모가 방문하는 방식으로 운영되었기에, 서울 및 수도권 수요도 일정 부분 잡을 수 있겠다고 판단했다. 지방 출장의 경우 오가는 데 시간이 많이 든다는 단점이 있으나, 일정 부분 비용에 녹이기로 했다.

본격적인 진행과 성과, 취업컨설팅으로의 확장

차별화 포인트까지 잡은 후, 사업자를 만들고 사무실을 냈다. 홈페이지도 구축했다. 6년 전만 해도 간단한 사이트 제작도 100만 원 이상 들었다. 하지만 템플릿을 활용한 사이트 제작으로 30만 원에 해결했다. 직장생활을 하며 웹사이트를 기획한 경험이 많았기에 원하는 컨셉과 내용을 넣을 수 있었다. 홍보는 자신 있었다, 학부모, 학생들을 온라인에서 효과적으로 공략하며 유입을 도모했다,

생각보다 반응이 빨랐다. 수도권뿐만 아니라 안동, 포항, 광주, 부산 등 다양한 지역에서 컨설팅 문의가 들어왔다. 가능한 한 많이 다니며 경험을 쌓았다. 그렇게 2년을 일하자, 생활기록부 관리부터 수시자소서, 면접, 수시지원컨설팅까지 거의 모든 영역을 섭렵하게 되었다, 소개가 이어졌고, 굳이 홍보를 하지 않아도 될 정도가 되었다. 몸은 바쁘고, 성취감은 컸다.

컨설팅한 학생 중 특히 기억에 남는 친구가 있다. 4년 전, 포항에서 만난 예비 고2 학생이었다. 경영학과 진학이라는 목표가 명확했으나 비교과와 내신이 약했다(4등급 초반). 학교의 지원은 상위권 학생들에게만 집중되어 있다며 답답해했다. 지방 특성상 제대로 컨설팅을 받을 곳도 없어 상담은 처음이라고도 했다. 일단 학생의 열의가 대단했기에 잘되게 도와주고 싶었다.

그 후 2년간 비교과 조언부터 학습 습관 코칭 등을 수시로 했다. 워낙 성실하게 잘 따라준 덕분에 내신 성적이 갈수록 올라 3학년 1학기 평균이 1점대 중반에 이르렀다. 비교과도 부족함이 없을 정도로 잘 채워졌다. 이를 바탕으로 진학 가능한 대학을 추천해주었고, 학생부종합전형에서 중요한 자기소개서도 꼼꼼히 방향을 잡아주며 첨삭했다. 그 결과, 이른바 '중경외시' 라인에 합격하게 되었다. 이 밖에도 많은 학생들의 주요 대학 진학에 도움을 두고, 실업계 학생들에게 적성고사를 추천하여 소위 'in 서울 대학'에 진학하게 하는 등 가시적인 성과

가 많았다.

하지만 만족하기엔 일렀다. 입시컨설팅 특성상 시즌과 비시즌의 매출 편차가 컸기 때문이다. 좀 더 영역을 확장할 거리가 없을까 고민하던 중, 취업컨설팅이 떠올랐다. 비록 입시와는 성격이 다르지만 자소서와 면접이 취업에도 중요한 요소로 작용하기에 해볼 만하다고 판단했다. 그래서 얼마간의 준비 후, 취업컨설팅으로도 영역을 확장했다. 생각보다 후기와 평가가 좋았고, 성과가 나기 시작했다. 그렇게 매년 수백 명의 취업준비생들에게 삼성, 포스코, SK 등 대기업부터 국민연금관리공단과 같은 공기업과 중견기업에 이르기까지 여러 기업 취업에 도움을 주고 있다. 그렇게 입시 및 취업컨설팅이라는 나만의 영역을 구축하여 안정적인 수입을 올리게 되었다.

2

1인 지식 창업,
이것만은 알고 시작하자

준비에 실패하는 것은 실패를 준비하는 것이다.

- 벤자민 프랭클린(Benjamin Franklin)

1인 지식 창업의 세 가지 장점

저비용 구조

1인 지식 창업은 상대적으로 비용이 적게 든다. 대부분의 1인 창업자들은 가용 사업자금이 그리 많지 않다. 적게는 수백만 원, 많게는 4~5천만 원 정도다. 사업의 성패를 확신하기 어려운 초기에는 최대한 지출을 줄이는 것이 중요하다. 1인 지식 창업은 분야에 따라 사무실이 없어도 되며, 설령 필요하다고 해도 위치나 규모에 크게 구애받지 않는다. 고정비가 적게 드는 만큼, 위기 시 버틸 시간을 상대적으로 많이 벌 수 있다. 사업 가능성이 적다고 판단했을 때 정리하기도 쉽다. 직원을 쓸 필요가 없기에 인건비 부담도 없다.

창업 환경도 예전에 비해 유리해졌다. 불과 10년 전만 해도 그럴듯한 홈페이지를 만드는 데 100만 원 이상 들었지만 템플릿 형태로 제작하면 20~30만 원이면 충분하다. 디자인 감각만 있다면 무료 플랫폼을 이용할 수도 있다. 온라인 홍보 단가도 10년 전과 비슷한 수준이라 크게 부담 갈 정도는 아니다. Zoom이나 카카오톡을 통해 고객과 즉시 소통 및 상담하며 오더를 받을 수 있으니 편리하다.

일에만 집중할 수 있는 환경

요즘은 사업 운영에 필요한 거의 모든 서비스를 외주로 해결할 수 있기에 일에만 집중할 수 있다. 세무기장부터 홈페이지 구축, 마케팅 등은 필요 시 외부 업체를 이용하면 된다. 물론 괜찮은 업체를 선별하는 작업을 거쳐야 하지만, 한번 세팅해놓으면 주업무 외 들어가는 시간과 노력을 최소화할 수 있다. 본업에만 신경 쓰면 된다는 의미다. 집중하다 보면 전문성과 지식이 축적되고, 더 높은 고객 만족과 수익으로 이어지는 '선순환 구조'가 만들어진다.

창업 전, 광고대행사에서 홈페이지 기획과 마케팅을 경험했기에 세무 부분만 세무사 사무실에 맡기고 거의 모든 부분은 직접 컨트롤한다. 이런 방식에는 장점도 있지만 사실 신경 쓸 부분도 많기에 각자 상황과 역량에 맞게 움직이면 된다.

빠른 대응과 적극적인 시도

여러 사람이 있는 조직은 의사 결정을 하는 데 시간이 걸리며, 협의 및 합의 과정을 거쳐야 한다. 그러다 최적의 타이밍을 놓치는 경우가 많다. 반면 1인 기업은 모든 결정을 자기가 내리는 만큼 변화에 기민하게 대응할 수 있다. 서비스 추가부터 변경, 사업 영역 확장 등은 '준비되는 즉시' 가능하다. 마케팅 전략도 외주 업체와 논의해 얼마든지 변경할 수 있다. 이는 수시로 바뀌는 소비자 니즈와 트렌드를 따라잡는 무기가 된다.

물론 단점도 있다. 회사 운영에 관한 모든 사항을 혼자 결정해야 하기에 외롭고 힘들 때가 많다. 성과를 독식할 수 있지만, 손해도 온전히 자신의 몫이다. 규칙적인 생활과 자기관리는 필수다. 집중과 몰입 정도가 매출에 바로 영향을 미치기 때문이다.

창업 전, 고려해야 할 사항

충분히 고민하라

1인 지식 창업은 A부터 Z까지 온전히 내가 견뎌야 하는 힘든 길이다. 제로베이스에서 수익을 창출해가는 과정이다. 바람을 막아줄 상사도, 리스크를 나눠안을 동료도 없다. 경우에 따라 돈과 시간도 꽤 많이 든다. 많은 사람들이 창업을 통해 자유롭게 일하며 돈도 많이 벌기를 꿈꾼다. 그러나 그런 경우가 얼마나 될까? 통계청이 발표한 「2021 기업생멸 행정통계」에 따르면 신생 사업자의 약 35%는 1년 이내 폐업하고, 5년간 생존하는 비율은 32%에 불과하다.

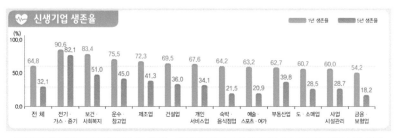

통계청이 발표한 「2021 기업생멸 행정통계」. 개인사업자와 법인사업자의 1년, 5년 생존율이 나와 있다.

이처럼 '직장이 전쟁터라면, 밖은 지옥이다'라는 드라마 대사가 결코 과장이 아니다. 창업 전 충분한 준비과정과 고민이 필요한 이유다.

창업자가 가져야 할 마음가짐

하나, 결과를 미리 걱정하지 말자. 많은 사람들이 시작에 앞서 걱정부터 한다. 걱정은 여러 위험에 대비하게 하는 순기능이 있지만 과도하면 행동을 가로막는다. 나도 처음엔 그랬다. 직장을 그만두고 창업을 고민할 때 '과연 될까?'라는 걱정이 앞섰다. 창업 후 일을 진행할 때도 순간순간 정말 많은 걱정을 달고 살았다. 그러나 막상 순간에 집중하다 보니 걱정한 내용 중 실제 벌어진 일은 거의 없음을 깨달았다.

사실 우리가 하는 걱정 중 99%는 결코 실현되지 않을 허상이다. 창업으로 1년 후 얼마를 벌지, 밥벌이는 할 수 있을지, 망하지는 않을지 '지금은' 아무도 모른다. 결과는 과정이 만든다. 일단 하겠다고 마음먹었으면 철저히 준비하고 노력하라. 많은 사람의 조언을 들으며 방향을 잡아가라. 결과는 자연스럽게 나타날 것이다.

둘, 회복탄력성을 지녀야 한다. 회복탄력성이란, 고난이나 역경을 딛고 더 나은 미래를 이루려는 내면의 힘을 의미한다. 나는 회복탄력성이 무척 강하다. 어떤 일이 생각처럼 풀리지 않거나 원하던 결과가 나오지 않아도 쉽게 좌절하지 않는다.

똑같이 어려운 상황을 앞에 두고 자괴감에 빠져 허우적대는 사람이 있는가 하면, '반드시 이겨낼 수 있어'라며 해법을 찾는 사람도 있다. 생각은 행동을 좌우하고, 행동은 인생을 결정한다. 1인 지식 창업가는 높은 회복탄력성을 지녀야 한다. 사업 과정에서 수많은 시행착오와 실패를 겪어도 부정적인 감정에 압도되지 않는 방패막이기 때문이다. 오히려 그것들을 성공의 씨앗으로 변모시킨다.

셋, 현재에 안주해서는 안 된다. 세상은 우리가 생각하는 것보다 빨리 변한다. 시장도, 소비자의 기호도 마찬가지다. 1인 지식 창업가는 늘 깨어 있어야 한다. 지금에 안주하는 순간 경쟁력을 잃게 된다. 수익도 금세 줄어든다. 모든 분야에 경쟁자는 언제나 넘쳐난다. 따라서 자신의 서비스를 꾸준히 강화하고, 다변화하려는 노력이 중요하다. 새로운 사업에도 관심을 가져야 한다. 나는 지금도 수시로 아이템을 찾고 있다. 여러 창업 카페를 돌아다니거나, 사람들을 만나 아이디어를 발굴하려 애쓴다. 본업 외에도 여러 수입원이 있으면 좋지 않은가. 내가 움직이지 않으면 누구도 돈을 떠먹여주지 않는다.

아이템 선정이 중요하다

지식 창업에서 가장 좋은 아이템은 '자신이 잘하는 것', 혹은 '잘 아는 것'이다. 어떤 사람은 디자인을 잘하고, 어떤 사람은 번역을 잘한다. 심리상담에 일가견이 있거나 사주 분석을 잘하는 사람도 있다. 기획서에 재주가 있는 사람도 있다. 이 모든 것이 아이템이 된다. 각자 디자인 회사, 번역회사, 심리상담소, 역술원, 기획서 대행업체를 창업해 수익을 낼 수 있다. 지식과 노하우는 유지비가 들지 않는다. 남들에게 아무리 많이 나눠줘도 결코 닳아 없어지지 않는다. 오히려 '경험치'라는 보상이 쌓인다. 지식 창업이 매력적인 또 하나의 이유이기도

하다. 창업하고 싶은가? 다음 두 가지를 고민해보자.

첫째, 내가 '남들보다' 잘하는 것은 무엇인가?

(서비스 경쟁력)

둘째, 그게 사람들이 '필요로 하는' 것인가?

(시장성)

여러분이 가진 취미도 얼마든지 훌륭한 사업 아이템이 될 수 있다. 주변에 자신의 취미 생활을 살려 창업한 후배가 있다. 연매출 20억 이상의 승무원 학원에서 상담실장으로 5년간 일하던 친구였다. 그는 평소 뭔가를 만드는 일에 관심이 많았다. 피규어를 제작하기도 하고 목공을 배우기도 했다. 내게도 몇 개씩 만들어 선물했는데, 퀄리티가 시중에 파는 제품보다 나았다. 그러던 중, 코로나19 사태로 항공 산업이 침체되자 승무원 학원도 불황을 겪기 시작했다. 예상보다 길어진 불황에 불안을 느낀 후배가 이직 고민을 털어놓았다. 평소에도 자주 만나며 교류하던 사이였기에, 남 일 같지 않아 깊이 대화했다. 후배의 손재주와 재능, 감각을 잘 알고 있던 터라 조심스럽게 취미로 하던 일을 사업화하는 게 어떻겠냐고 제안했다. 그 후 후배는 얼마 동안의 준비 끝에 공방을 차렸다. 독창적인 제품 라인업을 구축해 판매하면서, 레진 공예 강의도 하며 자신의 이름을 알리고 있다.

창업자가 반드시 알아야 할 노하우

사업자등록증을 내기 전, 소비자의 평가를 듣는 방법

아이템을 정했다면 시장에서의 경쟁력, 즉 소비자의 반응을 파악할 차례다. 주변 사람들에게 자문해봤자 객관적인 평가를 듣기 어렵다. 사업자를 내고 사무실을 얻는 일도 경쟁력이 검증된 후가 안전하다. 그런 점에서, 재능마켓이 하나의 시험장이 될 수 있다. 네이버나 다음 등 포털사이트 검색창에 '재능마켓'을 치면 많은 사이트들이 나온다. 크몽이나 재능아지트와 같은 사이트가 대표적이다. 여기에는 번역부터 영상 제작, 디자인, 창업컨설팅, 심리상담, 타로 상담, 브랜드 네이밍 등 정말 다양한 카테고리의 서비스가 있다. 기본적으로 플랫폼을 이용하는 것이기 때문에 서비스 등록도 간편하며 실제 이용 유저들이 자유롭게 후기를 남길 수 있다. 사업자를 내기 두렵다면 일단 재능마켓 플랫폼에서 서비스를 시작하는 것도 좋은 방법이다. 이용자와 자유롭게 채팅도 가능해 니즈와 자신의 보완점을 쉽게 파악할 수 있다. 물론, 재능마켓의 특성상 경쟁이 치열하고 수수료도 20%에 달하지만 (업체마다 상이) 사업 시작 전 자신의 경쟁력을 확인하고 성찰하기에 좋은 기회의 장이다.

저렴하게 나만의 사이트를 만들자

홈페이지는 어떤 사업을 하든지 반드시 필요하다. 자신의 서비스를 알릴 창구가 되고, 공신력을 높이기 때문이다. 업체를 통해 홈페이지를 제작하면 내용에 따라 다르지만 보통 100~300만 원가량 소요된다. 처음 사업을 시작하는 사람들에게는 부담스러운 금액이다. 비교적 저렴한 가격으로, 혹은 무료로 홈페이지를 만들 수 있는 방법도 있다.

무료 홈페이지 제작 플랫폼이 있다. 시중에 나와 있는 무료 홈페이지 제작 플랫폼 중, 활용도나 커스터마이징 측면에서 네이버 '모두(modoo)'가 가장 뛰어난 편이다. 다양한 형태의 홈페이지를 만들 수 있고, 네이버 검색 등록과 톡톡 메신저를 기본으로 제공하기에 고객 상담도 수월하다. 무료인데다 여러 가지 장점이 있지만, 아무래도 하나부터 열까지 혼자 구축해야 하므로 어느 정도 홈페이지나 온라인에 대한 감각과 이해도가 필요하다. 모바일에 특화된 홈페이지라 사람에 따라 호불호가 갈릴 수도 있다.

템플릿형 홈페이지를 제작할 수도 있다. 온라인과 웹기획에 대한 이해도가 부족하다면 템플릿형 홈페이지 제작 업체를 이용하는 것도 좋은 방법이다. 맞춤형이 아니라 기존에 있는 틀(템플릿)에 업체에 맞는 내용과 이미지를 삽입해 만드는 방식이다. 보통 30~50만 원이면 제작이 가능하다. 요즘은 PC, 태블릿, 스마트폰 화면 크기에 맞게 사이즈가 조절되는 반응형 홈페이지가 대세이다. 템플릿형 홈페이지의 가장 큰 장점은 편의성이다. 업종별로 다양한 시안 중에 마음에 드는 것을 선택한 후, 원하는 내용과 이미지를 전달하기만 하면 된다. 제작 업체마다 담당자나 디자이너가 상주해 있으므로, 홈페이지 기획에 능숙하지 않더라도 도움을 받으며 완성할 수 있다. 또한, 보통 제작비에 1년 도메인 비용과 호스트 비용이 포함된다. 나도 회사 홈페이지를 템플릿형으로 어렵지 않게 제작했다. 네이버 등 각종 포털사이트에서 '템플릿 홈페이지'라고 검색하면 많은 업체들이 나오니 참고하기 바란다.

사업의 성패를 가르는 '홍보'

아무리 좋고 경쟁력 있는 서비스라도 소비자가 모르면 사장된다. 사업자를 내고 홈페이지를 만들어 기다리기만 하면 아무도 오지 않는다. 그런 사이트나 서비스가 있다는 사실 자체를 아무도 모르기 때문이다. 홍보는 1인 지식 사업뿐만 아니라 대부분의 사업 성패를 가르는 핵심 요소다. 수요층을 빠르고 정확하게 공략해야 문의가 들어오고 매출도 발생한다.

사람들은 '검색'에 익숙하다. 거의 대부분의 정보를 검색을 통해 얻는다. 업종에 따라 다르긴 하지만 포털사이트, 특히 점유율이 높은 네이버를 통한 검색최적화 마케팅(SEO)이 효과적인 이유다. 검색의 핵심은 바로 '키워드'다. 경영컨설팅을 한다면, '경영컨설팅' 혹은 그와 관련한 키워드 검색결과에 여러분의 업체를 노출해야 한다. 네이버 키워드 광고부터 블로그 리뷰 광고, 뉴스기사 광고 등 방법은 다양하다. 경제적 여유가 된다면 다양한 방법을 동원하는 게 좋지만, 일단 키워드 광고나 블로그 리뷰 광고 등 한두 가지만 병행해도 된다.

네이버 광고(https://searchad.naver.com)를 통해서 키워드의 월간 조회수 등을 확인할 수 있다. 틈틈이 들어가 키워드를 연구하며 어떤 키워드에 자신의 업체를 노출할지 고민하는 것이 중요하다. 키워드를 정했으면 각각의 마케팅 매체를 진행할 차례다. 경험이 없으면 광고대행사에 맡기는 것도 괜찮다. 키워드 광고부터 검색최적화 마케팅을 다루는 업체들이 많으므로, 적절한 곳을 선택하면 된다.

홍보와 더불어 공식 SNS를 만드는 것도 중요하다. 어떤 종류의 사업을 하든지 소비자와 직접 소통할 수 있는 채널이 필수다. 단순히 홈페이지의 고객센터나 문의만으로는 한계가 있다. 불과 5~6년 전만 해도 공식 SNS로 블로그와 페이스북이 많이 쓰였지만, 지금은 인스타그램과 블로그를 동시에 운영하는 경우가 많다. 쇼핑몰이나 B2C 판매 위주의 사업을 하는 분들은 인스타그램만 운영하기도 한다. 공식 SNS는 추가적응 고객 유입과 밀도 높은 상담, 브랜드 인지도 제고 등 여러 메리트가 있다. 따라서 검색최적화 마케팅 외에도 여력이 된다면, 공식 SNS를 만들어 운영하기를 추천한다.

사소한 것 하나가 고객의 마음을 움직인다

사업을 하다 보면 서비스마인드가 무척 중요하다고 느낀다. 서비스 자체에 대한 퀄리티도 중요하지만, 고객을 어떻게 대하고 소통하느냐 역시 중요하다. 1인 지식 창업가는 늘 직접 고객을 만나는 사람이기에, 투철한 서비스마인드를 갖춰야 한다. 고객은 냉정하다. 어투와 자세, 표현에 민감하다. 사소한 말 한마디에도 쉽게 돌아선다. 모든 고객은 뒤에 여러 잠재 고객들을 안고 있다는 사실을 명심하자.

여러분도 일상생활 속에서는 대부분 '고객'일 것이다. 서비스를 이용하고자 특정 업체에 전화했을 때 밝고 친절하게 대하는 곳이 있는가하면, 다소 딱딱하게 사무적으로 대하는 곳도 있다. 대안이 없는 업체가 아니라면 친절한 곳을 택하는 것이 인지상정이다. 나는 전화든, SNS 상담이든 최대한 친절하게 임하려 노력한다. 개인적으로 안 좋은 일이 있거나 컨디션이 나빠도 결코 드러내지 않는다. 고객 응대에 내 기분이 묻어나지 않게 하려 노력한다.

'대표님, 오늘 피곤하신가봐요?', 전화기 너머로 들려온 학부모의 한마디에 가슴이 뜨끔거렸다. 한창 수시 원서 접수를 준비하는 기간이라 일이 많아 무척 힘든 상황이었다. 그런 가운데 상담이 들어왔는데, 평소와는 달리 집중하지 못했다. 결국 상담은 어찌어찌 마무리했는데, 서비스 이용으로는 이어지지 않았다.

우리는 고객 마음을 얻을 수 있는 타이밍을 놓쳐선 안 된다. 물론, 모든 상담을 매출로 연결할 수는 없다. 그러나 최소한 '좋은 인상'을

심어줄 필요는 있다. 당장 우리 서비스를 이용하지 않는 고객이더라도
상황이 어떻게 바뀔지는 아무도 모르기 때문이다.

3

나는 아직도
하고 싶은 일이 많다

◇×

미래는 앞으로 나아가는 자에게 보상한다. 나에게는 후회할 시간도,
불평할 시간도 없다. 나는 앞으로 밀고 나아갈 것이다.

- 버락 오바마(Barack Obama)

인생은 기회로 넘쳐난다

결국, 사람이 기회를 제공한다

인생은 기회로 넘쳐난다. 준비 상태와 마음가짐에 따라 기회를 흘려
보낼 수도, 삶의 터닝포인트로 만들 수도 있다. 예전에는 '사람'의 중요
성을 잘 몰랐다. 그저 자신만 노력하면 된다고 믿었다. 성공에는 능력

의 비중이 절대적이라고만 생각했다. 하지만 기회는 하늘에서 뚝 떨어지는 것이 아니다. 대부분 '사람'에게서 온다. 부모님이나 친구, 선생님, 직장상사, 연인, 배우자, 심지어 자식까지. 그들의 이야기와 조언이 때로 기회가 되어 현실을 바꾼다.

돌이켜보면, 나 역시 다른 사람들의 평가와 상호작용 속에서 잘하는 일을 찾았다. '넌 말하는 직업이나 누군가를 가르치는 일을 해야 할 것 같아.' 대학 시절 많은 사람들에게서 들었던 말이다. 시간이 지나고 나니 내 성격과 특성, 장점을 보고 해준 조언임을 알게 되었다. 글을 쓰고, 수정하는 재주가 있음을 깨달은 계기도 친구 덕분이었다.

대학에 다니던 중, 대구 지역 간호학과에 다니는 친구로부터 연락이 왔다. 강남세브란스 병원에 지원하고 싶은데 자기소개서가 막막하다며 도와달라고 했다. 당시 자소서를 써본 적도, 첨삭을 해준 적도 없었지만 나름 '글빨'이 있다고 생각해 흔쾌히 응했다. 친구가 쓴 글을 강남세브란스병원의 인재상과 항목에 맞게 적절히 고치며 전반적인 퀄리티를 높여주었다. 그 결과, 학과 지원자들 중 유일하게 강남세브란스 병원 서류 전형에 합격했다. 학과 사람들이 다 놀랐다고 했다. 그도 그럴 것이, 학점이 썩 좋지는 않아 대구 지역 병원도 떨어졌던 친구였기 때문이다. 그 후, 면접 준비까지 도우며 최종 합격에 이바지했다. 친구는 강남세브란스 병원에서 5년간 일한 후, 현재 교정 공무원으로 일하고 있다. 이런 경험이 있었기에 조금이나마 자신감을 갖고 현재의 일을 시작할 수 있었다. 여러분도 찬찬히 과거의 경험과 사람들이 말을 떠올려보면, 분명 힌트를 얻을 수 있으리라 믿는다.

우연히 찾아온 기회, 대학원 진학

6년간 일에만 몰두하다 보니, 좀 더 새로운 경험과 지식에 대한 갈망이 생겼다. 여러 분야로의 확장 가능성을 찾고 싶었다. 그러던 중, 이천에서 떡집을 운영하는 20년 지기에게서 전화가 왔다.

"나 창업대학원에 가기로 했어."

친구의 한마디에 왠지 모를 호기심과 촉이 발동했다. 이야기를 들어보니 내게도 좋은 기회일 것 같았다. 평소 관심이 있었던 책 출판 과정도 있고, 다양한 창업 관련 지식과 인적 네트워크를 쌓을 수 있다는 점도 매력적이었다. 무엇보다 교수님이 열정적이라는 이야기에 마음이 끌렸다. 마침 추가모집 기간임을 깨달아 망설임 없이 호서대학교 대학원에 입학 원서를 넣었다. 사실 2년 전에도 대학원 진학을 생각했던 적이 있었지만, 여러 상황상 흐지부지되었다. 이번에는 달랐다. 친구가 있어서 동기부여도 될 것 같았고, 분명 좋은 기회라는 생각도 들었다. 등록금은 물론이고 몇 년의 시간까지 투자해야 하지만, 대학원에서의 경험과 지식으로 분명 더 많은 것을 이루리라 확신한다. 친구가 기회를 준 셈이지만 기회를 눈에 보이는 결과물로 만드는 일은 이제 온전히 내 몫이다.

나는 더 많은 일을 경험하고 싶다. 다양한 분야의 지식과 안목을 길러 더 큰 사업을 이루고 싶다. 지식과 경험, 네트워크가 늘어날수록 할 수 있는 일도 많아진다. 영역이 다른 사람들과 모여 새로운 사업을 할 수도, 그들에게 서비스를 고도화하는 데 필요한 도움을 받을 수도 있다. 대학원에서의 시간을 반드시 삶의 또 다른 터닝포인트로 만들 것이다.

사람들에게 '도움 되는 삶'을 꿈꾼다

도움이 될 때, 성취감을 느낀다

입시취업컨설팅을 하며 보람을 느낄 때가 많다. 원하던 학교나 회사에 합격했다는 소식을 들을 때가 특히 그렇다. 입시와 취업은 사람들의 인생에서 매우 중요한 변곡점 중 하나다. 거기에 도움이 된다는 사실이 무척 감사하다. 이제 이 책을 통해 창업이라는, 또 다른 변곡점에 서 있는 사람들을 돕고 싶다. 그래서 회사 서비스 분야에서 소규모 창업컨설팅을 추가했다. 창업과 매출 증진에 어려움을 겪는 사람들에게 사이트 기획부터 마케팅 강의, 공식 블로그 육성 등 유용한 지식을 전달할 예정이다. 대학원에서 박사학위까지 받아 훗날 창업컨설턴트로도 일하고 싶다. 시간이 지나 다른 사업 아이템을 찾더라도, 이왕이면 사람들에게 유용한 일이었으면 좋겠다.

앞으로 쭉, 책을 내고 싶다

책은 정보를 효과적으로 담는 좋은 그릇이자, 자신을 알리는 훌륭한 수단이다. 그런 의미에서 이 책은 출발점이다. 나는 앞으로 꾸준히 책을 낼 예정이다. 1인 지식 창업 관련 책을 따로 출판해 여기서는 지면의 한계로 미처 다루지 못한 내용을 자세히 담을 생각이다. 입시 및 취업 컨설팅 관련 책도 쓸 것이다. 대학원 재학 중 또 다른 영역을 구축한다면, 차례차례 그 분야의 책 출판을 준비하고 싶다.

이번 기회를 통해 책 출판이 개인적으로 굉장히 좋은 동기부여가 됨을 깨달았다. 생각에 머물러 있던 여러 지식과 정보를 체계화하고, 구체화하는 작업도 의미 있었다. 지난 삶을 돌아보며 '이만하면 잘 살아왔구나'라며 스스로를 안아주기도 했다. 앞으로도 더 나은 책을 쓰기 위해, 독자들이 공감할 수 있는 내용을 넣기 위해 꾸준히 노력하겠다.

인생은 온전히 혼자 걷는 길인 것 같지만, 꼭 그렇지만도 않다. 나도 모르는 사이에 누군가의 손을 잡고 있기도 하고, 말없이 등을 밀어주는 사람들도 분명 있다. 수많은 상호작용과 도움 속에서 우리는 성장해간다. 앞서 적은 이야기와 삶의 궤적이 비록 직접적인 도움이 아니더라도 여러분에게 좋은 힌트나 깨달음을 제공한다면 그것만으로도 큰 보람일 것이다. 이 책을 읽는 당신의 앞날에 성공과 행운이 가득하길 기원한다.

저는 손재주로 먹고삽니다

1. 손재주로 먹고살기로 결심한 날
2. 손재주로 먹고사는 7가지 방법
3. 도전 없는 성공은 없다

전혜린
핸드메이드 크리에이터

전혜린 / 핸드메이드크리에이터

◇ 학력

호서대학교 글로벌창업대학원 창업경영학과 석사과정

세종사이버대학교 유튜버학과 졸업

세종사이버대학교 사회복지행정학과 졸업

한성대학교 멀티미디어정보처리학과 졸업

◇ 경력 및 이력

現 메이드랩 대표

스마트스토어, 유튜브 채널 '뜨개린' 운영 중

청소년 크리에이터 진로체험 강사

한국1인미디어창작창업협회 사무국장 / 수석강사

前 안랩 고객서비스팀 근무

前 세종대학교 캠퍼스타운 세종기G '우리동네 공대언니' 팀장

강의분야: 유튜브 크리에이터, SNS 콘텐츠마케팅, 손뜨개

동대문여성인력개발센터 강의: 실용만점 손뜨개

송파여성경력이음센터 강의: 1인미디어 강사양성 과정

◇ 이메일 / SNS

이메일: sisterrin@naver.com

손뜨개 SNS: www.instagram.com/knit_rin

강사 SNS: www.instagram.com/madelab_rin

유튜브: www.youtube.com/c/뜨개린

집필동기

"당신은 또 다른 목표를 설정하거나, 새로운 꿈을 꾸기에 결코 늦지 않았다(C. S. 루이스)."

『나니아 연대기』 작가가 한 말이다. 대부분의 사람은 새로운 일을 시작하기에는 늦었다고 망설일 때가 많다. 나 역시 그랬고, '해서 되겠어?'라는 생각이 가득했다. 하지만 지금은 대학 때 전공했던 IT 분야와 전혀 다른 핸드메이드 분야에서 나의 길을 찾아가고 있다.

이 글은 '취미활동으로 경제적 수익을 내볼까?'라고 한번이라도 생각해본 이들에게 들려주는 나의 경험담이다. 그 목표가 주에 십만 원일 수도, 월 천만 원일 수도 있지만 어쨌든 모든 일에는 시작이 있고 고비가 있기 마련이다. 그런 시행착오를 줄이고 나아갈 방향에 대해 가이드라인을 잡을 수 있도록 작은 도움이라도 되길 바란다.

1

손재주로
먹고살기로 결심한 날

〰〰〰〰〰〰〰〰〰〰〰〰〰〰〰〰〰〰〰〰〰〰〰〰〰

배우는 길에 있어서는, 이제 그만하자고 끝을 맺을 때가 없는 것이
다. 사람은 그 일생을 통하여 배워야 하고, 배우지 않으면 어두운 밤에
길을 걷는 사람처럼 길을 잃고 말 것이다.

- 태자

배움 중독

세상에는 정말 다양한 취미가 있다. 그리고 그 다양한 취미를 배우
려는 사람도 많다. 문화센터부터 교육플랫폼까지 취미 클래스는 넘쳐
난다. 신기하게도 취미가 없는 사람도 있지만 여러 가지인 사람도 있
다. 이런 사람들이 싫증을 잘 내서 금방 다른 취미로 갈아타는 것은

아니다. 배우는 것을 좋아하고 즐기다 보니 또 다른 분야에도 쉽게 도전하는 경우가 많다. 물론 유행이어서 관심을 보이는 일도 있지만 말이다. 그러면 그 사람들 중 말 그대로 취미로 돈을 버는 사람은 몇이나 될까? 그리고 돈을 버는 사람들은 과연 얼마나 벌 수 있을까?

나도 취미 부자이고, 배우는 것을 좋아하는 배움 중독자이다. 그중 대표적인 것이 바로 뜨개질이다. 취미로 시작했던 뜨개질로 현재는 다양한 수익구조를 구축하고 있다.

현재는 뜨개질 강사로 활동 중이다. DIY 패키지와 재료도 판매한다. 1인 기업이다 보니 관련 마케팅도 혼자서 하고, 그렇게 얻은 노하우로 강의도 하고 있다. 그러다 부족한 것이 있으면 배움 중독을 끊지 못하고 또 배운다.

지금부터 나는 수공예 취미에 관심과 소질이 있는 분들께 배워서 남 주는 비법을 공유하려고 한다. '그래서, 너는 얼마 버는데?'라고 질문하고 싶은 마음이 있다면 일단 당신의 마음에 '어그로 끌기'는 성공했다고 생각된다. 내 이야기에서 당신이 얻어가야 하는 것은 나의 수입에 대한 궁금증이 아니라 스스로 얼마를 벌고 싶은지에 초점을 맞추길 바란다.

재주 많은 사람이 고생한다?

몇 년 전 어떤 분이 내게 한 말이다.

"재주가 많으면 고생한다던데 그런 취미활동만 하고 살다가 언제 돈을 벌려고 그래요? 번듯한 직장이 있어야 수입도 안정적이지."

인생이 달라졌다. 출산 전 '나'에서 출산 후 '엄마'로 업그레이드된 줄 알았다. 임신 막달까지 다녔던 회사는 이름만 대면 전 국민이 아는 IT 보안솔루션 회사였다. 기술지원 부서라 비상대응 상황 외에는 야근도 거의 없었고, 복지도 나름 괜찮았다. 회사생활을 즐겼던 터라 복직 의지가 강했고, 동료들조차 당연히 내가 돌아올 거라 생각했다. 하지만 출산 후 사회인의 생활은 뒤로하고 육아에 찌들어갔다. 복직도 독박육아로 인해 무산되고, 세상에 이제 나 같은 아줌마가 설 자리는 없다며 스스로 점을 찍게 되었다. 스트레스가 극에 치닫는 날이면 퇴근하는 신랑을 맞이하는 손에 뜨개질 바구니가 들려 있었고, 이것이 '나도 살고 싶다'라는 무언의 몸부림이 되었다. 이게 시작이었다.

몇 달을 그렇게 고군분투하다 딸아이가 어린이집에 등원하기 시작했다. 그때부터 맘카페에서 함께 뜨개질할 사람을 찾으며 답답한 마음을 달랬다.

사실 처음부터 뜨개질이라는 취미를 체계적으로 배운 건 아니었다. 두어 번의 원데이 클래스를 경험하고 책과 동영상을 보며 수없이 틀리고 풀고를 반복해서 체득했다. 그러다 보니 초보자들의 손이 멈추거나 눈빛이 흔들리는 것을 보고 자연스럽게 재능기부 강습을 하게 되었다. 이왕 재능기부를 할 거라면 봉사활동을 하는 것도 괜찮겠다 싶어 1365 자원봉사 포털(www.1365.go.kr)에서 지역 내 공고를 검색했다. 때마침 집과 가까운 교회 부설 지역아동센터에서 초중고 학생 대상 뜨개질 수업 개설을 원하고 있었고, 딸아이를 데려와도 괜찮다는 센터장님의 배려로 봉사활동을 시작하게 되었다.

그 무렵 지인과의 식사 자리에서 서두에 적었던 말을 듣게 되었다. 나를 걱정해서 해준 말씀이지만 순간 가슴 저 밑바닥에서부터 뜨거운 것이 치밀어올랐다. 오기랄까? '보란 듯이 내가 뜨개질로 밥벌이하고 만다!'라는 마음이 치솟았다.

결론부터 말하자면 나는 지금 손재주로 먹고살고 있다. 물론 억대 연봉, 월 매출 몇천만 원 그런 대단한 정도는 아니지만, 몸값도 오르고 수입도 늘고 있는 건 사실이다.

워밍업

처음부터 잘하는 사람은 없다. 처음부터 선택받는 사람도 없다.

창업까지 생각하고 있다며 종종 레슨 문의가 온다. 수업을 확정하기 전 충분한 대화를 통해 창업의 목적과 목표부터 확인하는 작업을 한다. 몇 년 전 한 유튜버가 뜨개질로 월 천만 원 번다는 영상을 올린 적이 있었는데, 아니나 다를까 주변에서 같은 영상의 링크를 수없이 보내주었다. '너도 이거 보고 천만 원 벌어라' 혹은 '넌 얼마나 벌어?' 이런 마음 아닐까? 뛰어난 감각과 선견지명으로 히트 아이템을 판매한다면 불가능한 일은 아니다. 뜨개질계의 삼성으로 불리는 '바늘이야기'는 엄마가 운영하던 사업체에 딸이 투입되면서 SNS 관리, 유튜브 영상 제작을 맡아 젊은 소비층을 유입시켰다. 이후 2년 만에 에어팟케이스 DIY 패키지 등이 히트를 하며 매출을 2배 가까이 신장시킨 사례도 있다. 하지만 누구에게나 처음은 있다. 수공예 창업으로 수입을 창출하려면 먼저 이것부터 시작하라!

- 창업 아이템의 이해
- 지속 가능성 고려하기
- 나만의 포트폴리오와 경력 만들기

창업 아이템의 이해

온·오프라인을 통해 수공예 취미 또는 돈벌이에 관심을 가진 사람들을 만나게 되면 정말 다양한 질문을 쏟아낸다. 그리고 수많은 경쟁업체들이 존재한다. 아무런 준비 없이 전쟁터에 나가는 일이 없도록 (실전은 전쟁터보다 더 혹독할 수 있다) 충분한 준비 시간이 필요하다. 만약 "아니, 도대체 무슨 준비를 어떻게 하라는 거야?"라고 묻는다면 "자격을 갖추라!"라고 답하겠다.

대학에서 관련 학과를 졸업해야 공방을 오픈할 수 있는 것은 아니다. 자격증이 필요한 것도 아니다. 특히나 수공에 관련 분야는 다양한 민간자격증이 있어서 필수라기보다는 선택 쪽에 가깝다. 하지만 자격 공부를 하다 보면 좀 더 체계적이고 깊이 있는 배경지식을 갖출 수 있고, 자격 과정에 관심 있는 수강생들에게도 조언해줄 수 있다.

지속 가능성 고려하기

취미도 유행을 탄다. 대학 시절에 십자수가 유행이어서 공강 시간만 되면 학교 앞 십자수 가게에 살다시피 했다. 지금도 작업실 한쪽에 십자수 실이 색깔별로 나를 기다리고 있지만, 바느질할 때 외에는 꺼내지도 않는다.

'동백꽃 필 무렵'이라는 드라마에 공효진 배우가 니트 아이템을 착장하고 나오자 뜨개질에 관심이 쏠렸다. 그해 동백이 가방, 모자 레슨만 해도 수없이 했다. 마치 지금에서야 뜨개질이라는 분야가 소개된 것처럼…. 하지만 뜨개질은 우리 할머니도 하셨던 취미이고, 할 줄 아는 사람이라면 꼭 찬바람이 불 때만 하는 취미도 아니다. 여름용 실도 다양하기 때문이다. 잘 모르는 사람이라면 겨울에만 해야 하는 시즌 취미나 이벤트처럼 생각하지만 말이다. 이렇게 주목을 받는 아이템이 되면 많은 사람이 접하지만, 그 사람들이 꾸준히 반려 취미로 삼는다는 보장은 없다.

그건 창업을 준비하는 사람도 마찬가지다. 지금 시작하면 정말 재미있게 잘할 수 있을 것 같아서 칼을 뽑아들었다가 막상 발을 담가보니 나와 맞지 않아 무는커녕 잡초조차 못 자를 수도 있다.

내가 말하는 지속 가능성은 아이템 유행 여부 외에도 '나'의 마음가짐이다. 내가 열정을 불태우지는 않더라도 과연 경제적 수단으로 지속할 수 있을 정도로 아이템에 대한 애정도가 있는지를 확인해야 한다. 그 애정도가 나의 취미를 영위하기 위한 정도인지, 수입원으로 확장할 만큼인지 객관적으로 판단 후 진로를 결정하는 것이 좋다.

나만의 포트폴리오와 경력 만들기

경력이 없으면 돈을 받고 일할 기회가 많지 않다. 그래서 나는 연습 삼아 지인들을 모아놓고 재능기부 강습을 하기도 하고, 지역아동센터에서 봉사활동을 하기도 했다. 그러면서 인스타그램에 사진을 차곡차곡 올리기 시작했다. 이런 SNS상의 포트폴리오를 보고 레슨 문의가 오는 경우도 종종 있다.

추후 동대문여성인력개발센터에 정규강좌 오픈 제의를 받았을 때 봉사활동 확인서와 지원사업 강사 활동경력증명서가 큰 힘이 되어주었다. 작품 사진도 그때그때 인스타그램을 활용해서 남겨놓았기 때문에 링크를 알려주고 어떤 수업이 가능한지 소개하기도 한다.

손재주로 먹고사는
7가지 방법

> 99도까지 열심히 온도를 올려놓아도 마지막 1도를 넘기지 못하면 영
> 원히 물은 끓지 않는다.
>
> - 김연아

재능 혹은 제품, 무엇을 팔 것인가

창업에 대한 컨설팅 문의가 들어오면 몇 가지 질문을 먼저 한다.

- 한 달 수익 목표
- 투자할 수 있는 시간, 자본
- 창업공간 유무와 규모

어떤 것을 판매할지에 중점을 두고 수익설계를 해보자. 그에 따라 나머지 질문의 답은 따라오게 되어 있다. 재능의 판매는 나의 경험을 콘텐츠화해서 제공하는 것을 말한다. 예를 들어 내가 체득한 것을 레슨 또는 출강, 온라인 강의로 제공하는 것이다. 제품의 판매는 실제 완제품, 재료 등을 판매하는 것이다.

나는 어떤 사람인가

먼저 내가 어떤 성향의 사람인지 파악하는 것이 수익설계에 많은 도움이 된다. 성격에 따라 구축할 수 있는 로드맵이 달라지기 때문이다. 예를 들어 새로운 사람 만나는 것에 불편함을 느끼고, 남 앞에서 말하는 것을 어려워한다면 개인레슨은 곤욕스러운 일이 될 것이다. 꼼꼼하고 효율적으로 작업을 하는 편인데 집순이 스타일이라면 완제품 판매 같은 창업 형태가 어울릴 것이다. 내가 어떤 성향인지 나조차도 잘 모르겠다 싶다면 요즘 많이 하는 MBTI 자가진단을 해보는 것도 방법이다. 사주를 보는 사람도 있다. 내가 하고 싶은 일과 할 수 있는 일, 그중 돈을 받고 할 수 있는 일을 구체적으로 나열해보고 접점을 찾는 것도 좋은 방법이다. 돈이 된다고 해서 하기 싫은 것을 하기보다 내가 할 수 있는 것에 깊이를 더해야 오래 버틴다.

수익화 구조는 서브웨이 샌드위치 주문만큼이나 다양하다. 여기서는 대표적인 7가지 수익모델 형태와 목표에 따른 수익구조 방식을 3가지 케이스로 제시한다.

7가지 수익화 모델

수익화 구조는 다양하지만 크게 콘텐츠와 제품으로 나눌 수 있다. 어떤 방식으로 무엇을 판매할지 대표적인 7가지 방법으로 추려보았다. 하지만 적용 범위가 꼭 정해져 있는 것은 아니기 때문에 상황에 맞게 끼워맞출 수 있다.

나의 손재주는 뜨개질이지만 개인마다 취미도, 재주도 다르다. 만약 당신이 수공예 창업에 관심을 가진 독자라면 앞으로 제시하는 '손재주로 먹고사는 7가지 방법' 중 상황에 맞는 방법을 구체화해서 응용해보길 권한다. 분명 나보다 더 많은 수익을 내는 분들이 생기리라고 자신 있게 단언한다. 실제 수강생 중에는 이미 창업해서 자리를 잡은 분, 창업이나 강사 과정을 준비 중인 분도 있다. 이런 사례도 함께 공유할 예정이다. 어려운 마케팅 용어보다는 지금까지 경험한 내용을 바탕으로 구성해봤다.

- 개인레슨
- 그룹레슨
- 기관·단체 출강
- DIY 패키지, 재료, 디자인 판매
- 완제품 판매
- 온라인 스토어
- 공방 창업

개인레슨

재능기부를 하던 시절 '이 정도면 돈 받고 가르쳐도 되겠다!'라는 누군가의 칭찬 한마디에 용기를 얻었다. 그래서 시작한 것이 숨은 고수를 찾아준다는 플랫폼 '숨고(www.soomgo.com)'다. 처음에는 '누가 나를 고용이나 해줄까?' 하는 생각에 경험이 필요하다고 판단했다. 그래서 시간당 레슨비를 1만 원으로 하고 가격경쟁력을 높였다. 숨고에 등록할 때 요구하는 내용을 충실히 기재하였고, 사진 자료도 다수 올렸다. 숨고는 서비스 이용 고객이 원하는 사항을 간단히 작성하면 고수들이 견적서를 보내는 방식으로 매칭이 된다.

가격경쟁력 덕분인지 고용되는 횟수가 늘어났다. 레슨이 끝나고 헤어지면 그날 배운 내용을 참고할 만한 영상 링크를 공유하고 리뷰 작성을 요청했다. 대부분이 좋은 리뷰와 높은 평점을 남겨주었고, 일정

시간이 지나 경험치가 쌓였다고 생각되는 시점에 몇 차례 레슨비를 상향 조정했다. 개인 사정상 정규 클래스로 이끌고 갈 시간적 여유가 없어서 1회차 이후에는 사용자의 필요에 따라 서로 조율하는 사전예약제 방식으로 진행하고 있다.

어느 날 숨고를 통해 만난 수강생이 작성한 리뷰를 보고 지면 인터뷰 요청이 들어왔다. 부모님께 깜짝 선물로 목도리를 떠드리고 싶다는 청년이었는데 몇 번이나 동영상을 보고 도전했다 실패했다고 한다. 꼼꼼한 레슨 덕분에 목도리를 뜰 수 있어 기쁘다는 내용의 리뷰였다. 덕분에 숨고 공식 블로그에 인터뷰가 게재되었다.

개인적으로 새로운 사람을 만나는 것에 대한 거부감이 없어서 이 방식이 나에게는 실력 향상과 또 다른 수익구조를 만들어 가는 데 기반이 되었다.

또 다른 방식의 개인레슨은 줌(Zoom)을 통한 온라인 수업이다. 이 경우는 지역에 상관없이 수업할 수 있고, 이동시간을 줄일 수 있다는 장점이 있다. 기초 기법은 아는데 작품이나 도안 등 궁금한 것이 있는 분들이 선호하는 방식이다. 요즘은 학교에서도 화상수업을 진행하는 경우가 많아 일반 사용자도 쉽게 적응하는 방식이 되었다. 화상레슨의 경우 유료 계정을 사용하고, 화면을 녹화해서 필요한 부분을 편집하여 콘텐츠로 활용하거나 복습용 영상으로 제공한다. 간혹 만나지도 않고 집에서 편하게 수업하면서 비용은 똑같이 받냐는 질문을 받을 때가 있는데, 온라인 수업이라고 해서 더 편한 것은 아니다. 직접 볼 수 없기 때문에 수강생이 어디를 어려워하고 틀리는지 집중해서 체크

해야 한다. 원활한 수업을 위해 자료를 화면 공유 방식으로 함께 보기도 하고, 거치대를 이용해 동작이 더 잘 보이도록 다중 접속을 하기도 한다. 꼭 줌이 아니더라도 사용하고자 하는 온라인 접속 툴에 대해 대표 기능들을 익혀놓으면 수업을 더 원활하게 진행할 수 있다. 이런 방식을 통해 호주에 사는 초등학생, 경상도에 사는 직장인, 학원 일정이 바빠 온라인 수업을 원하는 중학생 등 다양한 수강생을 만날 기회가 생겼다.

그룹레슨

개인레슨이 부담스럽다면 소규모 그룹레슨을 오픈해보자. 연습 삼아 지인들이나 자녀와 친구들을 대상으로 소규모 클래스를 운영해보는 것도 도움이 된다. 그렇지만 참여도와 질 좋은 클래스의 제공을 위해 소정의 참가비와 재료비는 받을 것을 권장한다. '아는 사람이니까 말하기 미안해서 내가 부담해야지…'라는 마음이 있다면 차라리 봉사활동을 할 것을 추천한다.

2021년에 세종대학교 캠퍼스타운 산하 세종기G라는 사업에 참여했었다. 지역민과 지역 내 대학이 상생할 수 있는 프로그램으로, 활동공간과 일정의 활동비를 지원해주었다. 이를 기반으로 한 달에 한 번 지역민과 함께할 수 있는 힐링 클래스를 운영하였고, 클래스 이후에는 설문조사를 통해 운영 피드백과 진행 방향에 대한 의견을 받았다. 반응이 좋아서 아직도 미취학 아동 대상 클래스에 참여한 학부모와 아이들은 다음 수업은 또 없냐며 기대감을 나타내고 있다. 보람도 있고, 유료 수업으로 연결되는 성과도 있었기에 기회가 되면 다시 진행하고 싶다.

플랫폼을 이용해 클래스를 개설할 수도 있다. '탈잉'이나 '남의집', '프립'은 '숨고'와 마찬가지로 플랫폼에서 요청하는 기재사항과 사진, 또는 영상을 꼼꼼히 작성하면 내 수업을 관심을 가진 사람들에게 잘 전달할 수 있다. 하지만 모객 이후 수업이 진행되면 플랫폼마다 일정액의 수수료가 발생한다는 점은 알아둬야 한다. 플랫폼마다 주 사용자층도 다양해서 내가 앞으로 타겟으로 할 대상이 많이 이용하는지, 수수료는 적절한지, 홍보는 쉬운지 등을 따져보고 나와 비슷한 클래스가 많다면 나의 차별점을 어떻게 부각할지도 중요한 요소이다.

기관·단체 출강

문화센터, 여성센터, 지역도서관, 복지시설 등 다양한 기관에서 문화강좌를 오픈한다. 이런 곳에서 강사 활동을 하고 싶다면 관련 학과를 졸업했거나 관련 자격증이 있어야 하고, 경력도 필요하다.

센터 수업 개설을 준비하기 전까지는 자격증 없이도 수업했었고, 수강생들도 만족도가 높은 편이라 필요성을 못 느꼈다. 그러던 중 재능기부 수업을 하던 지역아동센터가 서울시 지원사업에 선정되어서 뜨개질 수업도 일정 지원금을 받게 되었다. 센터장님께서 내가 자격 증빙을 해야 지원금을 받을 수 있다고 말씀하셔서 부지런히 자격증을 취득했다.

그 후 지금도 강좌를 진행하고 있는 동대문여성인력개발센터는 숨고를 통해서 출강 문의가 들어왔다. 아니나 다를까 면접 전에 이력서, 강의계획서, 포트폴리오, 자격증, 경력증명서를 요청하였다.

기관 강사로 지원할 때 기본적으로 필요한 준비사항은 다음과 같다.

① 이력서

구구절절 나의 히스토리를 적어내는 이력서가 아닌, 관련 경험이나 경력, 자격 사항을 기재하고 변경사항이 생기면 수시로 업데이트해서 관리하도록 한다. 이력서가 별것 아니라고 생각할 수 있지만, 갑자기 쓰려면 쉽지 않다.

② 강의계획서

당장 기회가 없더라도 만약 내가 강의를 하게 된다면 어떤 목표와 내용으로 진행하겠다는 내용의 샘플을 작성해놓으면 좋다. 관련 사진도 함께 첨부하면 해당 분야의 전문가가 아닌 기관 담당자들도 알아보기 쉬울 것이다. 이왕 작성하는 김에 4주, 8주, 12주로 다양하게 커리큘럼을 짜놓으면 상황에 맞춰 골라서 제출할 수 있을 것이다.

③ 포트폴리오

평소 꾸준히 사진을 찍어두길 바란다. 꼭 완성작품 사진만 있어야 하는 것은 아니다. 작품을 만드는 과정, 수업 진행하는 모습, 레슨을 받았던 수강생의 작품 사진 등 다양할수록 좋다. 나는 인스타그램에 별도 계정을 만들어 뜨개질 관련 사진들만 올려놓고, 필요한 경우 해당 계정 주소를 알려주기도 한다.

④ 자격증

수공예 관련 자격증은 대부분 민간자격증이라 취득 방법과 발행 기관이 다양하다. 어떤 자격증이 더 좋다 아니다를 따지기보다는 실질적으로 나에게 도움이 되는지를 체크하고 준비하는 것이 중요하다. 취득 기간과 비용, 취업 연계 네트워크가 이루어지는지도 자격증 선택에 기준이 될 수 있다.

⑤ 경력증명서

경력으로 인정받을 만한 활동들은 경력증명서를 요청해서 보관해두면 강사지원서를 작성할 때 도움이 된다. 혹시 경력이 없다면 봉사활동 확인서라도 발급받아두도록 하자. '숨고'나 '탈잉' 같은 플랫폼에 수업이 체결되든 안 되든 등록부터 하자. 비록 증명서로 발급되진 않더라도 등록한 오늘부터 내 경력은 1일이다. 사실 기관 수업은 (물론 강좌마다 다르겠지만) 강의료가 높은 편은 아니다. 하지만 또 다른 기관 수업을 지원할 때 확실한 경력이 될 수 있으므로 장기적으로는 시너

동대문여성인력개발센터 '실용만점 손뜨개' 수업

지 효과를 일으킬 수 있다. 센터 수강생이 별도로 개인레슨을 받게 될 수도 있고, 재료 판매를 통해 부가적인 수입을 얻을 수도 있다.

DIY 패키지, 재료, 디자인 판매

수업을 할 때도 내 아이템과 내 재료를 활용한다면 수익을 더 늘릴 수 있다. 마진율을 높이기 위해서는 재료 공급 업체나 도매처와 거래를 해야 하는데 그때 필수적으로 사업자등록증이 필요하다. 일반 온라인 판매처에서도 도매 문의할 수 있는 게시판을 보면 사업자등록증 사본을 제출해야 제품을 공급해준다. 이때 확인할 것은 도매가격, 최소거래금액, 최소주문수량이다. 공방이나 작업실이 없다면 재고관리에 대한 추가 비용이 발생할 수 있기 때문이다.

거래처 선정이 끝나면 일반 재료 판매도 좋지만, DIY 패키지 개발을 통해 레슨과 함께 판매하는 것을 추천한다. 이러한 방식은 클래스 개설에도 차별성을 둘 수 있는 무기가 된다. 뜨개질에 도전하려는 초보자를 예로 들면, 배우고 싶은 아이템을 정하는 것도 고민되지만 컬러와 부자재를 고르기도 어려운 일이다. 이럴 때 미리 구성된 패키지를 추천해주면 선택이 쉬워질 수 있다. 참고로 초보자를 겨냥한 DIY 패키지를 구성할 때 완성작 사진을 첨부하고 무난한 대표색으로 구성하면 선택 확률을 높일 수 있다.

재고에 대한 부담이 크다면 디자인을 판매하는 것도 좋은 방법이다. 아이디어를 얻기 위해 '핀터레스트(이미지 기반 소셜네트워크)'를 자주 이용하는데, 외국 작품들은 유료 도안을 판매하는 경우가 많다. 우리나라에서도 작품 도안만 판매하는 작가들도 있고, 이런 작품들을 모아서 출간하면 실용서가 탄생하는 것이다. 창작 도안의 경우 한국저작권위원회를 통해 온라인 등록신청을 할 수 있다. 절차도 복잡하지 않고, 비용도 상표등록 등에 비해 저렴한 편이다.

완제품 판매

수공예 제품을 완제품으로 판매하는 방법도 있다. 플리마켓을 이용하거나 아이디어스, 블로그 마켓 등을 이용한 판매도 가능하다. 플리마켓에 참여할 때는 홍보용 명함, 영상홍보물, SNS 리그램이나 해시태

그 이벤트 등을 함께 활용하면 홍보와 판매에 도움이 되고 재구매까지 연결될 확률을 높일 수 있다.

하지만 모든 제품이 다 적합한 형태는 아니어서 몇 가지 사항을 짚고 넘어가야 한다.

- 수요에 따른 공급 조절
- 적정 가격 책정
- 제품 자체의 경쟁력

한창 에어팟 케이스 뜨개 제품들이 잘 나가던 시점이 있었다. 이 DIY 패키지는 한 온라인 뜨개질 제품 판매 사이트의 매출을 15억 원 이상 신장시켰고, 어떤 뜨개질 유튜버는 월 천만 원을 버는 아이템으로 소개를 했다. 제품 만들기에 도전하는 사람도 있고, 손재주가 없어서 완제품으로 구매하려는 사람도 있다. 만약 이렇게 핫한 아이템을 생산하게 되었다면 과연 수요에 맞춰 차질 없이 공급을 할 수 있을까? 비슷한 제품들이 우후죽순 생겨날 때 에어팟 케이스 만드는 아르바이트생을 구한다는 공고를 보고 그 아르바이트 급여가 얼마나 될지 너무 궁금했다. 에어팟 케이스 하나 만들어 주고받는 비용이 개당 800원이라는 사실에 충격을 받았다. 아무리 손에 모터를 달아도 10분은 걸린다고 치고(사실 내 속도라면 더 걸릴 것이다) 중간에 잠깐 쉬기도 해야 하니까 1시간에 5개를 만든다고 가정했을 때 4,000원을 번다는 얘기다. 이건 최저시급만큼도 못하다는 생각이 들었다. 그런데 완제품 자체는 15,000원에 판매되고 있었다.

친구 아기 돌잔치 때 답례품으로 테디베어 모양의 석고 방향제를 선물받았다. 너무 예뻐서 어디서 주문했는지 물어봤더니 평소 눈여겨보던 블로그 이웃의 제품이었다. 최소 1주일 전 예약하면 원하는 개수를 구매할 수 있다고 했다.

두 경우를 봤을 때 내가 선택한 아이템의 완제품 판매에 경쟁력이 있는지 고려해봐야 한다. 생산 소요 시간과 가격도 중요한 요소가 될 수 있다. 여러 가지를 고려해 완제품 판매를 결정했다면 생산 방식도 정해야 한다.

사전제작 방식은 완제품 재고에 대한 부담이 있고 주문자의 취향을 반영하기는 어렵지만, 주문 즉시 판매가 가능하다. 주문제작 방식은 제작 기간까지 시간이 소요되지만, 제품에 대한 재고 부담이 적은 장점이 있다. 하지만 갑작스럽게 주문량이 증가할 때는 재료에 대한 재

	사전제작 VS	주문제작
제작시간	수량에 따라 제작시간 증가	일정시간 소요
배송기간	바로 발송 가능	제작 후 발송
취향 반영	불가능	가능
제품 재고부담	판매 부진 시 재고 발생	없음
재료 재고부담	판매량 증가 시 재고 부족	주문량 증가 시 재고 부족

사전제작과 주문제작의 비교

고 부족과 제품 제작 시간이 부족할 수 있다.

완제품 판매는 이 두 가지 제작 방식을 적절히 반영하여 인기 아이템은 선제작하고, 일반적인 아이템은 수요에 따라 준비하는 방법으로 운영을 해야 한다.

온라인 스토어

가장 진입장벽이 낮은 스마트스토어를 예로 들어보겠다. 스마트스토어는 다른 판매 채널에 비해 수수료율이 낮고, 초기 사업자를 위한 지원 정책이 다양하게 제공되고 있다. 요즘은 제품만 판매하는 것이 아니라 온라인 수강권 판매도 이루어지고 있고, 오프라인에서 제품 판매 시 안전거래를 위해 스마트스토어에서 결제를 하도록 안내하기도 한다.

온라인 스토어를 개점하기 전에 준비할 것이 여러 가지가 있지만, 그중 가장 중요한 것은 안정적인 거래처를 확보하는 것이다. 안정적으로 거래를 꾸준히 이어가다 보면 신제품이나 행사 상품에 대한 정보를 빠르게 전해주기도 하고, 샘플 등을 받을 수도 있다.

온라인 판매의 경우는 오프라인과 다르게 물류에 대한 신속성이 중요하다. 최근 장기화하고 있는 택배 파업으로 인해 발주된 상품이 강제로 반품되는 일이 있었다. 심성 고운 고객님이 별다른 항의 없이 넘어가주셨지만, 고객 입장에선 택배 파업을 택배사의 문제가 아니라 판매자의 문제로 보고 불만이 생길 수 있다. 그리고 택배 성수기인 명절 전, 장기 연휴, 여름휴가 기간에도 배송에 차질이 생기지 않도록 택배 접수 마감 일정을 확인하고, 대체 방법을 마련하거나 고객에게 사전 안내를 해야 한다.

라이브커머스가 주목받고 있는 시기이기 때문에 온라인 스토어를 운영하면 도전할 수 있다. 스마트스토어는 새싹 이상 등급이면 라이브 판매가 가능하다. 만약 초기 창업 기간이라 등급 미달이라면 유튜브 채널 라이브를 통해 관심 고객들과 소통하고 구매는 스마트스토어 링크를 연동해 매출을 올릴 수도 있다.

공방 창업

오프라인 수업을 하다 보면 수강생들에게 자주 듣는 이야기가 '공방을 차리고 싶다'라는 것이다. 수공예 취미자들의 로망이랄까? 하지만 실제로 공방 창업을 하고 싶다는 말이 아니라 작업실을 갖고 싶다는 의미로 하는 이야기다.

사실 공방 창업은 점포를 대여하기 때문에 단독 공간이 생긴다는 장점이 있지만 매달 고정비용이 지출된다. 필요한 장비가 많고 재료와 재고가 많다면 공방을 고려해볼 수 있다. 비용적으로 부담이 된다면 공유 공방을 이용하는 방법도 있다. 어떤 형태로 시작하는지에 따라 비용은 당연히 천차만별이다. 하지만 고정 공간이 아니어도 되는 경우는 '카페24 창업센터'와 같이 단기 임대가 가능한 사무실을 이용하는 방법도 있다. 레슨을 할 때만 장소가 필요하다면 일반 카페를 이용할 수도 있고, 작업공간이 확보되어야 수업할 수 있다면 다인실이 있는 스터디 카페를 이용하는 방법도 있다. 개인 작업실이 필요한 경우 집에 자투리 공간을 활용하여 작업실을 만드는 방법도 있다.

공방을 오픈하면 예약제 또는 정규 과정으로 클래스를 운영할 수 있다. 혼자서 운영하다 보면 출강으로 인해 문을 닫는 경우가 생긴다. 이런 일이 자주 있으면 헛걸음하는 실망 고객이 생길 수 있어서 공방 운영시간은 사전 공지가 필수이다.

배우려는 사람들을 정해진 공간으로 찾아오게 해야 하니 홍보는 필수요소다. 특징 있는 클래스를 운영해서 선택받지 못하면 월세, 공과금이 줄줄 새고 발목은 묶이는 독이 될 수도 있다. 키즈 클래스, 데이트 클래스, 소규모 클래스, 정규 클래스, 취미 및 자격증 클래스 등 다양한 형태의 수업을 운영하는 것도 고객을 늘리는 방법이다.

나 역시 자주 지나다니는 길목에 있는 공방을 보며 꿈을 키웠다. 하지만 현실적으로 보증금 및 임대료에 대한 부담이 높았다. 고민만 하고 있던 찰나에 세종대학교에서 지역민과 학생들이 도전할 수 있는 지원사업 참여자 공고를 접했다. 개인 공간과 일정의 운영비를 지원해주는 방식이었고, 제출서류도 복잡하지 않았다. 손꼽아 기다려 받은 발표 메일은 친절하게 탈락의 소식을 전했다. 약 2개월 뒤 참여팀 결원이 생겼다고 참여 의사를 물어왔을 때 1초의 망설임도 없이 하겠다고 대답했다. 그로부터 10개월간 공유공간과 운영비 일체, 사무기기, 가구, 멘토링 수업을 지원받았다. 거기다 활동비까지 받았다.

일명 세종기G로 불렸던 공간에서는 지역민을 위한 원데이 클래스, 소상공인 대상 온라인 마케팅 교육으로 지역사회에 환원했고, 개인 공방 및 레슨 장소로 사용했다. 초기 자본이 부족한 상태에서 사업경력과 활동 기반을 닦을 수 있는 디딤돌이 되었다.

세종기G 참여 공간 내 쇼룸

이외에도 창업보육센터, 여성창업플라자, 대학 캠퍼스타운 등에서 매년 입주기업을 모집한다. 예비·초기 창업자라면 해당 기관 공고를 통해 자격이 된다면 무조건 지원해보길 추천한다. 저렴한 비용에 공간 지원뿐만 아니라 다양한 멘토링과 입주기업 간 협업 행사 등을 경험할 기회가 마련된다. 지원 시 사업계획서를 제출하는 경우가 많고, 내 사업에 대해 발표를 해야 하는 경우가 많으므로 사전에 계획성 있는 준비는 필수다.

'나'를 광고하는 법

앞서 언급했던 셀프마케팅, 콘텐츠마케팅은 '손재주로 먹고사는 7가지 방법' 중 어떤 것을 선택하든 꼭 필요한 요소이다.

"대표님 안녕하세요, 판매 중이신 상품이 저희가 진행한 자체 리서치 결과 반응도 너무 좋고 체험단 원하시는 분도 많아서…"

아직 사업자등록중에 잉크도 마르기 전 득달같이 알고 전화를 준 마케팅 회사는 내가 일정 금액의 광고 패키지를 결제하길 바라는 마음에 열과 성을 다해 설명했다. 스마트스토어를 연 지 3일 되었을 때의 일이다. 유입수를 늘리고 스토어찜과 상품찜을 늘려주면 자동으로 판매로 연결되고, 발생하는 매출에 비하면 아주 적은 마케팅 비용이라고 이야기하지만 큰 자본을 들고 시작한 창업이 아니기 때문에 한 푼이 아쉬운 상황이었다. 그리고 마케팅 회사를 통해 유입된 고객이 구매로 연결되리란 보장도 없었다.

그래서 나는 내가 할 수 있는 방법들을 동원해 셀프마케팅을 하기 시작했다. 목표 고객층이 가장 많이 활용하는 SNS 채널부터 시작했다. 블로그, 인스타그램, 페이스북 페이지, 유튜브 채널을 활용했다. 내가 직접 작성한 콘텐츠를 통해 마케팅으로 유입된 고객은 일반 검색유입에 비해 구매 전환율이 3배 이상 높았고, 그중 30% 이상 재구매로 이어졌다. 물론 홍보 콘텐츠를 직접 만들어야 해서 어느 정도 시간은 소요되고, 반응도 폭발적이진 않았다. 하지만 결과적으로 마케팅 회사에 비용을 내는 것보다는 순이익이 높았다.

장기적 운영으로 콘텐츠가 쌓이고 구독자가 늘어나면 광고 수익까지 덤으로 생기는 유튜브나 네이버TV도 있다. 하지만 광고 수익에 목표를 맞추기보다 해당 채널을 통해 온라인 레슨 또는 DIY 패키지 설명 교본으로 사용하는 방법을 추천한다. 자극적인 내용으로 단시간 내에 광고수익을 얻으려고 콘텐츠를 제작하는 것보다 장기적으로 취향이 비슷한 사람들의 팬덤을 형성할 때 마케팅 비용이 절감되고 내가 추구하고자 하는 방향으로 콘텐츠를 발전시킬 수 있기 때문이다.

'클래스101'이나 '클래스유' 같은 VOD 교육 콘텐츠 제공 플랫폼에 누구나 진입하기는 쉽지 않다. 이런 플랫폼 진출이 목표라면 나의 경력을 쌓고 콘텐츠 기획과 제작 솜씨를 연습할 수 있도록 내가 먼저 개인 채널을 운영해보는 것이 많은 도움이 된다.

온라인 수강생을 모집해 단계적 미션을 주고, 일정 기간 안에 수행하면 리워드를 제공하는 방식도 있다. 수강생에게 동기부여를 하고 동질감과 성취감을 느낄 수 있는 기회를 제공하는 방법으로 챌린지 형태의 회원관리도 마케팅 방법 중 하나이다.

목표에 따른 수익구조 설계

'나도 할 수 있겠다!' 하는 마음의 준비가 되었다면 먼저 얼마를 벌고 싶은지 목표를 세워보자. 처음 세운 목표 수익을 달성하기 위하여 앞에서 설명한 7가지 수익화 모델 중에서 내 환경과 조건에 맞는 방법들을 재구성하여 시작해보길 권한다. 세 가지 사례를 살펴보겠다.

월 목표 수익 300만 원, 레슨 방식

나의 레슨 경험치와 네임밸류가 얼마나 축적되어 있는지에 따라 시간당 레슨비가 달라질 수 있다. 업계 평균이라는 가격대가 존재하기 때문에 너무 비싼 비용을 요구하면 선택받기 어려울 것이고, 너무 낮은 비용을 어필하면 의외로 검증되지 않은 강사라고 여겨질 수 있다. 만약 1시간 수업에 2만 원의 레슨비를 설정해놓으면 150시간, 최소 주 18회의 레슨을 해야 하는 상황이다.

월 목표 수익 300만 원
- 시간당 개인레슨 비용 2만 원, 기본 2시간 수업
- 1회 레슨비 4만 원
- 150시간 / 1회 2시간 = 75회 레슨
- 75회 레슨 / 4주 ≒ 18.8회

전업으로 레슨할 예정이고, 주변에 수요자가 많다면 가능할 수도 있다. 하지만 초반부터 광고효과 없이 나를 찾아 줄을 서는 경우는 없다. 이럴 경우는 목표 수익을 조정해야 한다. 아니면 레슨의 단가를 올릴 수 있는 재료 판매를 병행하거나 고정 아이템을 완성할 수 있는 원데이 클래스를 운영, 정규 클래스를 운영하는 방향으로 수정할 수 있다. 또는 레슨의 이동시간을 줄이기 위해 화상 지도 방식의 클래스를 오픈할 수도 있다. 초반에 레슨에 대한 수요가 없을 경우는 나를 브랜딩하고, 셀프마케팅에 시간과 비용을 투자할 수도 있다. 하지만 수익화 구조를 수정해 완제품을 만들어 판매할 수도 있고, 완제품 레슨 영상을 제작하여 온라인 레슨을 개설하고 패키지와 함께 판매하는 방식으로 변경할 수도 있다.

월 목표 수익 추가 200만 원, 제품 판매 방식

이번 경우는 실제 창업 사례이다. A 씨는 카페를 운영하고 있었다. 애견카페는 아니었지만, 애견 동반 가능하게 운영했고, 자신의 반려견도 소형, 중형, 대형견 평균 3마리 이상(실제 키우는 반려견은 5마리) 카페에서 자유롭게 키우고 있었다. 상권 특성상 점심시간이 가장 바빴기 때문에 바쁜 시간을 피해 애견 옷 만들기를 배웠다. 중형 반려견이 목덜미가 긴 편이라 일반적으로 판매하는 애견 옷이 맞지 않아서 직접 만들어주고 싶어 취미로 시작했다. 완성된 작품들을 입고 카페 안을 런웨이처럼 누비는 반려견들을 보는 손님들은 어디 제품인지 물어보는 경우가 종종 있었다.

얼마 뒤 코로나로 인해 주변 회사 대부분이 재택근무 체계로 전환하면서 카페 매출도 타격을 입었다. 이런 상황에서 A 씨는 폐업을 고려하다 애견용품 주문제작을 병행하기로 했다. 한산한 시간에는 샘플을 만들고, 쇼케이스를 만들어 진열했다. 반려견들이 모델이 되어 SNS에 사진을 업로드하고 마케팅을 하며 맞춤 크기 주문제작 방식으로 판매를 했다. 뜨개질로만 제품을 제작하기엔 시간이 많이 소요되는 단점이 발생했다. 이를 보완하기 위해서 재봉틀 다루는 법도 배우고, 애견옷 패턴도 배웠다. 니트와 일반 패브릭을 매치해서 완제품을 만들기 시작했다. 그러다 보니 제품의 가격대도 기성 애견옷 제품보다 높은 가격에 판매할 수 있었다. 구매용과 선물용으로 인기가 좋아 곧 쇼핑몰도 오픈할 예정이다. 당연히 목표 수익은 달성!

수익 목표가 높을수록 안정화될 때까지 투입해야 하는 비용과 시간이 증가하는 것은 당연하다. 하지만 방법을 다각화하면서 시스템을 구축한다면 그 안정화 시기를 앞당길 수 있다고 본다.

월 목표 수익 50만 원, 주 3시간 목표

육아 선배들이 나에게 조언했다. 지금은 다시 돌아오지 않으니 최대한 아이와 함께하는 시간을 만들라고⋯. 갑자기 돈 버는 이야기를 하다가 뜬금없는 소리를 한다고 할 수 있으나 나 같은 경우, 육아라는 행복함(?)이 안겨주는 변수가 다양했다. 어린이집에 보내긴 하지만 갑자기 아이가 아프다거나 긴급 상황으로 하원을 하는 일이 종종 있다. 요즘은 코로나로 인해 강제휴원하는 경우도 있다. 이런 일은 내 일정을 고려해서 발생하지 않는다. 그래서 언제나 5분 대기조 상황이다. 최소 초등 저학년 시기까지는 안고 가야 할 잠재적 문제이기 때문에 고정 근무가 쉽지 않다.

많은 시간을 낼 수 없다는 문제는 육아뿐 아니라 N잡을 꿈꾸는 직장인에게도 적용될 수 있다. 이럴 경우, 짧게 일하는 방법을 선택하자.

나도 현재 여성인력개발센터에서 주 1회 2시간 고정 수업을 한다. 그리고 사전예약 형태로 개인레슨을 한다. 그때그때 다르긴 하지만 평균 주 1회 1시간 수업을 진행한다. 일주일에 3~4시간만 뜨개질 선생님으로 일하는 셈이다.

강사 활동을 하기 위해서는 물론 경력과 자격증이 필요하다. 센터의 목적과 규모에 따라 강사비의 차이가 있지만, 공예 수업의 경우 강습료와 재료 판매에서 수익을 낼 수 있다. 재료 판매에서 마진율을 높이기 위해서는 재료 공급 업체에 문의해보길 추천한다. 일정 규모 이상의 구매를 할 때 할인을 해주는 곳도 있고, 사업자가 있으면 도매가로 제공하는 곳도 있다. 센터 수업의 강사로 활동할 경우 장소를 제공받을 수 있고 활동증명서 또는 경력증명서를 발급받을 수 있다는 장점이 있다. 센터 수업과 개인레슨, 재료 판매를 통해 목표 수익 이상을 벌 수도 있다.

'탈잉', '프립', '남의집' 같은 플랫폼을 이용해 원하는 날짜에 나만의 클래스를 개설하는 방법도 있다. 비대면 수업이 가능한 공예라면 신청자에게 사전에 준비물을 발송해주고 온라인 수업을 하기도 한다. 오프라인 수업의 경우 규모에 따라 집에서 할 수도 있고, 스터디룸이나 파티룸 대여를 해서 진행할 수도 있다. 클래스 비용을 책정할 때 플랫폼에서 일정액의 수수료를 제하고 정산하는 방식이기 때문에 가격책정 전 시장조사를 하는 것도 중요하다. 더 중요한 요소는 많은 클래스 중에서 내 클래스가 선택받을 수 있도록 매력적으로 소개하는 것이 필요하다. 사전 정보를 기재할 때 사진과 동영상을 충분히 제공하고 고객 관점에서 얻어갈 수 있는 목표치를 사실적으로 안내해야 한다. 모객이 성공적이라면 한 달 2회 정도의 클래스 운영만으로도 목표 수익 달성 가능!

3

도전 없는
성공은 없다

성공의 비결은 아주 간단하다. 스스로 해보라.

- 월트 디즈니

나에게 뜨개질이란

아직 나에게 성공이란 단어는 어울리지 않는다. 하지만 목표를 세웠고, 그 목표들을 이루기 위해 다양한 방법을 시도하고 있다. 시행착오를 겪은 일도 있고, 선경험자의 방법을 통해 시간을 단축하기도 한다. 하지만 모든 것은 시작이 있다. 그 시작을 도전이라고 부르고, 도전이 없으면 성공할 기회조차 얻지 못한다.

2021년 여름, 『니터들의 쪽지』라는 손뜨개 동인지에 특별기고를 실었다.

'내가 애를 키우는 건지 세상과 떨어져 나가 고립되고 있는 건지 모를 순간, 뜨개질은 저에게 세상의 사람들과 다시 연결될 수 있는 소통의 끈이 되었어요. 그렇게 재능기부로 시작된 뜨개 수업이 이제는 어느새 경력단절 주부라는 꼬리표를 떼어내버린 계기가 되고 새로운 직업을 갖게 해주었어요. 저에게 뜨개질이란 단순히 취미, 새로운 직업이 아니라 힐링의 시간, 세상과 소통의 다리가 되었답니다.'

그랬다. 나는 공대 졸업에 IT 보안솔루션 기업에서 기술상담을 했었다. 하지만 출산과 육아라는 계기로 지쳐가고 있을 때 찾은 탈출구가 뜨개질이다. 주변인들은 전혀 다른 길을 가려는 내게 너무 무모한 일이라고 말리기도 했지만, 결과적으로 나는 그 도전을 계기로 새로운 인생 2막을 써내려가고 있다.

말하는 대로 이루어진다

2018년 서울시 동부새일센터에서 '문화예술콘텐츠 협동창업 과정' 수업을 수료했다. 그 당시 워크숍에서 교육 과정이 끝나면 어떤 일을 하고 싶은지에 대해 마치 이뤄낸 경험처럼 상상하며 미래 설계 발표를 하는 쑥스러운 시간이 있었다.

"유튜브 채널 운영을 통해 온라인 레슨을 하고 있어요. 언제 어디서든 노트북 하나면 필요한 일을 다 해내고 있죠. 저는 제품을 파는 사람이 아니라 콘텐츠를 생산하고 전달하는 일을 하고 있습니다."

동경하듯 디지털 노마드를 꿈꿨고, 효율적인 시간 관리를 통해 육아를 병행하며 꼭 '돈'을 벌고 싶었다. 하지만 방법을 몰라서 머릿속에 고민만 가득했다. 나는 단지 사회에서 가정으로 이직을 했을 뿐인데 우물 안 개구리로 돌아가버린 느낌이었다. 허우적거리고 있을 때 경험 많은 멘토들과 새로운 분야의 새로운 인연들은 나에게 자극제가 되어주었다.

'말하는 대로 이루어진다'라는 말처럼 추구했던 방향으로 가고 있는 현재를 보면 나도 가끔은 놀란다. 가능한 일정을 선별해서 레슨 및 강의를 하고 있고, 온라인 스토어도 나름의 효율적 시간 관리를 통해 운영하고 있다. 유튜브 채널을 매개체로 콘텐츠 생산도 하고 있고, 마케팅 수단으로 사용하기도 한다. 지금 시점에서는 핸드메이드크리에이터이지만 디지털 마케팅, 창업컨설팅 전문 지식과 경험을 보강하여 핸드메이드 창업컨설팅과 디지털 마케팅 솔루션을 제공할 수 있는 전문 인력이 되려고 다시 배움 중독을 발동시켰다.

작은 것부터 시작하라

취미를 가지고 돈을 벌기 시작했다면 그것은 더 이상 취미가 아니다. 돈벌이가 되는 것이다. 요즘은 취미도 취향도 다양성을 존중받고 추구하는 시대이다. 마니아층이 꾸준한 매출을 발생시킬 수도 있고, 대중적인 아이템으로 다수를 공략할 수도 있다. 수입의 규모를 떠나 돈을 벌고 싶다면 일단 "시작하라"라고 말해주고 싶다. 상상만 하는 것은 상상에 그치기 일쑤지만 저지르고 보면 시간이 지나서 어떠한 결과든 만들어지기 마련이다. 요즘같이 모두가 처음 겪는 팬데믹 시대에서는 창업이라는 분야에 전투적으로 뛰어들기가 망설여지기도 한다. N잡러라는 단어도 친숙한 환경이다. 나와 비슷하게 아직 육아에 많은 시간이 필요하고, 창업에 대한 경험이 없다면 작은 것부터 저지르고 그다음 따라오는 결과에 맞춰 방향을 수정하길 바란다.

내가 만약 육아와 살림에 손을 놓고 일에만 매달린다면 지금보다 더 많은 수입이 발생할 것은 당연하다. 하지만 그에 상응하는 경제적 지출도 증가할 것이 예상되기 때문에 처음부터 높은 목표를 잡았다면 시작도 못 했을 것이다. 그래서 상황에 맞게 일의 비중과 목표를 잘게 쪼개어 배분했다.

미약한 나의 경험을 엿본 당신이 수공예 창업에 관심을 두게 되었다면, 가장 관심을 가지고 있던 부분에서 시작하길 추천한다. 그 한순간의 내용이 당신의 고민을 실천으로 만드는 작은 출발이 되어줄 것이다.

퍼스널브랜딩 도전기, '나를 검색해봐요'

1. 우선 무엇이 되고자 하는가를 자신에게 말하라
2. 당신만의 스토리를 들려주세요
3. 꿈꾸면 그렇게 될 것이다

이선영
미래 이커머스 전문가

이선영 / 미래 이커머스 전문가

◇ **학력**

이화여자대학교 의류직물학·경영학 전공

호서대 글로벌창업대학원 창업경영학과 석사과정

◇ **경력 및 이력**

現 브랜드엑스코퍼레이션 젝시믹스 전략기획 / 온라인MD 팀장

前 안다르 상품기획

前 홈플러스 PB브랜드 바이어

前 짐보리 상품전략 / 브랜드 매니저

前 리앤풍 MR / 유니트라 인터내셔널 MR

◇ **이메일**

ashley2450@gmail.com

집필동기

"인생에서 지우고 싶은 순간은 언제인가요?"

수치스러웠던 일이나 마음 아팠던 일, 과거의 잘못이나 후회스러운 일들이 떠오른다.

"그래도 그 일로 인해 지금의 내가 되었기에 지우고 싶지는 않아요."

그렇다. 꿈꾸던 삶을 살기 위해 노력했고 많은 경험을 통해 지금의 내가 되었다. 그래서 지극히 개인적일지도 모르는 내 경험담이 누군가에게는 공감이 되고, 알고 싶은 노하우가 되었으면 하는 바람으로 글을 썼다. 나아가 새로운 꿈을 꾸는 나와 같은 사람들과 더 많이 소통하는 계기가 되었으면 한다.

1

우선 무엇이 되고자 하는가를
자신에게 말하라

우선 무엇이 되고자 하는가를 자신에게 말하라. 그리고 해야 할 일을 하라.

- 에픽토테스(Epictetus)

네! 저는 이커머스 전문가가 되겠습니다

흔히 **나이를 '먹는다'**라고 표현한다. 삼시 세끼 때 되면 먹는 밥처럼 나이를 먹는다. 커지는 숫자만큼 무언가는 쌓이는 것 같지만, 나이를 먹으면 먹을수록 정작 꿈은 하나둘 없어지는 것 같다. 어릴 때를 뒤돌아보면 하고 싶은 일과 꿈이 수천, 수만 개는 있지 않았던가. 마음에 들면 담는 쇼핑 장바구니처럼 꿈도 담았다. 어린 시절만큼은 모든 기회가 열려 있었고 무엇이든 될 수 있었다.

어른이 되면서 상황은 달라졌다. 나이를 먹으면 먹을수록 그 많던 꿈들이 실현 가능성이라는 허들을 지나면서 모래성마냥 흔적도 없이 사라졌다. 문과를 선택했으니 의사는 안 되겠네, 성적이 안 되니 변호사도 안 되겠다, 아나운서는 무슨 지성과 외모 출중한 경쟁자들이 수두룩한데 될 수나 있겠어? 성적에 맞춰서 적성도 맞추는 거 아닌가? 그렇게 꿈꾸는 폭이 점점 좁아지고 소박해졌다.

하지만 **꿈꾸던 삶을 살기 위해 노력했고, 많은 경험을 통해 지금의 내가 되었다.** 회사원이지만 끊임없이 새로운 직무를 꿈꿨고, 승진을 꿈꿨고, 많은 연봉도 꿈꿨다. 마흔이 된 지금도 나는 여전히 회사원이다. 이커머스 분야에서 일하게 되면서 특히 많은 정보가 필요함을 느껴 열심히 공부했다. 이커머스와 관련된 서적들부터 유튜브 강의 및 자료들을 쌓아놓고 탐독하고 나니 어느새 전문가가 되어 있었다. 최근에는 메타버스 커머스에 관심이 생겨 WEB 3.0을 주제로 스터디에 가입했고 제대로 공부하기 시작했다. 연장선으로 대학원에 진학해 퍼스널브랜딩까지 생각하게 되었고, 이제 새로운 꿈을 꾸고 있다. 그렇게 멀지 않은 미래, 이커머스 전문가가 되어보기로 했다.

www 검색하세요

어떤 사람을 만나기로 했다. 네이버 검색창에 장소를 검색하다가 혹시나 하여 이름을 검색해봤다. 나는 흠칫 놀라고 만다. 이 사람 뭐지? 생각보다 유명한가 보다. 관련 비즈니스 책의 저자로 떡하니 이름이 올라와 있었다. 게다가 강연도 하는지 방송 영상도 여러 개 보였다. 그가 쓴 책, 방송, 강연, 논문 등이 그가 누구인지를 증명해주는 빅데이터가 되어 있었다. 한눈에 정리된 검색 페이지에서 아직 만나지도 않은 그 사람의 전문성이 느껴졌고 신뢰도가 급상승했다.

디지털 데이터로 스스로를 증명하다니 이 시대의 진정한 인재처럼 느껴졌다. 앞으로 '검색결과'가 그 어떤 자격증보다 더 큰 영향력이 있겠다는 확신을 갖게 된 순간이었다.

나를 검색해봐요

이번엔 내 이름을 검색해본다. 기자, 작가, 한복디자이너, 대학교수, PD 등등 무려 69명이나 나온다. 이런! 역시 나는 없다. 검색결과에 나오는 이선영 중에는 내가 어릴 적 꿈꿨던 직업을 가진 사람도 있었다. 같은 이름을 가진 유명인들이 저리도 많은데 나는 뭐 하고 살았던 걸까?

조바심이 나지만 천천히 가보기로 했다. 나는 지금 내가 하고 있는 일이 좋다. 지금 하는 일을 더 잘하기 위해 끊임없이 공부해왔고, 대학원에 진학하기로 한 결심도 일에 대한 욕심 때문이었다. 그래, 열심히 공부하고 열심히 일하자. 그렇게 공부한 내용으로 책도, 논문도 쓰고, 강의도 하면서 전문가가 되어 검색결과에 나오는 내가 되자고 다짐했다.

현재 회사원입니다

현재 나는 회사원이다. 이커머스 업계에 D2C로 유명한 브랜드에서 온라인MD 팀장으로 일하고 있다. 주로 하는 일은 물론 매출을 올리는 일이다. 매출 증대를 위해 수많은 기획전을 기획하고 운영하며, 이커머스에 맞는 전략에 대한 고민도 끊임없이 하고 있다. 마케팅 리서치 자료나 통계 분석자료에서 도출된 인사이트를 가지고 이벤트를 기획하고, 성과를 분석해 효율 높은 요소들을 다음 기획에 적용하기도 한다. 특히 데이터관리에 신경 쓰고 있다.

그런데 모든 온라인 운영에 필수적으로 사용하는 데이터임에도 불구하고, 많은 사람들이 모으는 방법을 모르거나 활용을 못 하고 있다는 사실을 알게 되었다. 내가 어떻게 데이터를 수집해서 관리하는지를 궁금해하는 다른 팀들에게서 연락이 왔다. 심지어 다른 자회사에서도 한번 배우러 오고 싶다며 미팅을 요청하기도 했다. 나만의 전문 분야가 생긴 느낌이었다. 그리고 이커머스 전문가로서 앞으로 무슨 일을 해야 하는지도 알게 되었다.

2

당신만의 스토리를
들려주세요

◇×◇

당신이 인생의 주인공이기 때문이다. 그 사실을 잊지 마라. 지금까지 당신이 만들어온 의식적 그리고 무의식적 선택으로 인해 지금의 당신 이 있는 것이다.

- 바바라 홀(Barbara Hall)

이대 나온 여자

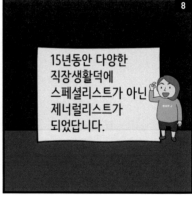

삶의 나침반이 되는 인생 창업 스토리

대입은 성공 스토리였다. 남들 놀 때 안 놀고, 남들 잘 때 안 자고 치열하게 공부한 대가였다. 그렇게 목표했던 명문대에 입학해 소위 '이대 나온 여자'가 되었다. 대학 다니는 동안에는 앞길이 탄탄대로일 줄 알았다. 하지만 현실은 무엇을 해야 하는지 스스로 찾아야 하는 시기였기에 방황 같은 날들의 연속이기도 했다. 실제로 어릴 적 수많은 꿈들이 내 전공에 따라서 더 이상 할 수 없는 꿈들이 되기도 했으니 보다 현실적인 직업을 찾기 시작했다.

디자이너를 꿈꾸던 패션쇼에서

의류직물학을 전공하면서 처음에는 멋지게 패션쇼를 하는 디자이너가 되고 싶었다. 패션위크(Fashion Week, 디자이너들이 작품을 발표하며 패션쇼가 집중적으로 열리는 주간)가 열리는 동안 패션쇼를 보러 가는 것뿐만 아니라 백스테이지 아르바이트도 했었다. 모델들이 정해진 착장을 재빠르게 갈아입을 수 있도록 도와주는 일이었는데 백스테이지 자체는 그야말로 아수라장이었다. 화려한 무대와는 정반대로 공사장을 방불케 하는 어수선한 공간에서 정신없이 뛰어다녔다. 급하게 옷을 갈아입고 후다닥 뛰어 무대에 오르는 순간 우아한 백조로 변신하는 모델의 모습을 보면서 진정한 프로구나 싶었다. 내가 디자이너가 되어 마지막 무대인사에 오르는 순간은 상상만 해도 행복했다.

학계와 업계의 차이

대학의 방학은 3개월 정도로 길기에 꿈을 준비하기에 충분했다. 한동안은 일러스트레이션 학원에서 하루 너댓 시간 그림을 그렸다. 그때까지 내가 TV나 영화에서 보았던 패션디자이너는 창가에 앉아 풍경을 바라보다 영감을 얻은 순간 스케치북에 멋진 그림을 그렸다. 학교 수업 시간에 자기가 구상한 컬렉션을 그림으로 표현하는 실습도 했기에, 디자이너는 당연히 그림을 잘 그려야 한다고 믿었다. 그런데 패션 회사에서 인턴을 하면서 디자이너는 간단한 도식화 이외에는 그림을 그리지 않는다는 사실을 알았다. 꿈과 현실이 다르듯, 학계와 업계는 그렇게 달랐다. 그런 업계에서 피팅 아르바이트를 하는 동기들도 많았는데, 막내 디자이너로 취업하기 위해서는 168센티의 키에 55사이즈 피팅이 필수라는 걸 전해듣고는 두 번 좌절했다. 점점 디자이너라는 직업과 멀어지는 내 자신을 위로해야 했다.

디자이너보다 MD

의류직물학 전공이지만 취업에 유리하다고 하는 경영학도 부전공으로 공부했다. 처음엔 친구 따라 수강했지만 의외로 경영학 공부가 재미있었다. 마케팅 수업은 특히 사례조사 중심이었는데 광고 PR 성공사례들을 찾아 발표하는 팀워크가 많았다. 고객의 마음을 사로잡는 옷을 디자인하느냐, 고객의 마음을 사로잡는 마케팅을 하느냐 사이에서 행복한 고민을 했던 시절이었다. 전공을 살려 패션 회사에서 인턴이나 아르바이트를 계속했다. 패션은 디자이너가 전부라고 믿었는데 패션 회사에서 인턴을 하면서 자연스럽게 MD라는 직업에도 호기심을 갖게 되었다. 상품기획에서 시즌 전체 목표 매출에 따른 물량기획, 카테고리별 스타일 수 등을 정하는 일은 디자이너가 아닌 MD 파트에서 이루어졌다. 디자이너는 그에 따라 할당된 품목들을 디자인하고 샘플을 만들어 품평을 준비했다. 전체적인 지휘권은 MD에게 있었다. 패션위크에 출전하는 디자이너들은 자신만의 브랜드를 가지고 있는 부띠크 디자이너, 즉 사업가였던 것이다. 당장 취업을 해야 하는 내가 꿈꿀 일은 아니었음을 깨닫고는 정신이 번쩍 들었다.

MD를 꿈꾸다가 MD가 되다

4학년이 되면서 동시에 이화여대 평생대학원에 개설된 패션유통 전문가 과정에 등록했다. 1년 동안 패션유통에 관련한 다양한 지식을 쌓고 샵 매니저, VMD, MD 등 다양한 현업의 실무진 강사로부터 생생한 이야기를 들을 수 있는 기회였다. 나는 주로 MD 관련한 사항들에 관심이 많았는데, 특히 상품기획 MD에 대해 더 공부하곤 했다. 시장조사법이나 트렌드조사, 마케팅과 결부된 SWOT 분석 등 주로 정통적인 방식들이었다. 지금처럼 온라인 시대가 본격화되기 전인지라 발로 뛰는 시장조사가 대부분이었고 많이 걷고 많이 봐야만 했다. 심지어 스트리트패션 조사는 파파라치처럼 숨어서 사진을 찍는 일이었는데 개인정보와 초상권이 중요한 지금으로서는 상상도 못할 일이었다. 그 당시 그 사진들이 기획자에겐 데이터가 되었고 어떤 스타일이 유행인지 예측하는 척도가 되었다. 그렇게 새롭게 MD로 꿈을 키우던 대학 시절은 치열했다. 하지만 막상 내가 꿈꾸던 회사는 불경기로 그해 신입 공채를 뽑지 않았다. 4학년 마지막 학기, 취업은 생각보다 쉽지 않았고 1차 서류 통과조차 되지 않아 좌절했다. 소속 단대 학생회장을 하면서 교수님들과의 교류가 많았는데, 마침 한 분이 당신이 아는 의류 에이전트에서 신입 MD를 뽑는다며 지원해보라고 추천해주셨다.

스페셜리스트 vs 제너럴리스트

모자람 속에서도 배워야 하는 신입

그렇게 졸업과 동시에 중소기업 규모의 의류 에이전트에서 8개월을 일했다. 해외 바이어가 원하는 디자인 샘플을 만들어 보내는 일부터 최종 오더 수량을 받으면 납기에 맞춰 생산한 후 선적과 정산하는 일까지 배웠다. 해외 공장과 바이어 사이에서 영어로 소통해야 했고 걸려오는 외국인의 전화에 심장이 쿵쾅거려 터질 것만 같았다. 나이 많은 부장님 밑에서 일을 배우는 것도 쉽지 않았다. 자재 리스트 하나 제대로 작성하는 것도 어려웠다. 옷 하나에 원단부터 부자재까지 약 40~50가지의 품목들을 샘플만 보고 적으라 하니 그야말로 패닉이었다. 몇 번을 헤매다 비슷한 스타일의 기존 자재 리스트를 열어 수정하면 된다는 사실을 알았을 때 배신감이 들었다. 그런 일이 한둘이 아니었지만 신입은 모자람 속에서도 배워야 하니까 참았다. 원가를 산출하는 일도 배웠는데 여기저기 차트에, 이메일에, 산재해 있는 부자재 원가들을 일일이 찾아서 넣다 보니 시간도 오래 걸리고 실수도 많았다. 지금이라면 엑셀로 한번에 정리해서 데이터화했을 텐데 그때는 나 역시도 방법을 잘 몰랐고 지금처럼 엑셀을 잘 다루지도 못했다.

한편으로는 옷이 만들어지는 데 필요한 거의 모든 일들을 해볼 수 있었다. 샘플을 만들기 위해 원단부터 부자재들을 챙겨 샘플 작업실로 가지고 가면 드르륵 하는 재봉틀 소리가 먼저 반겨주었다. 패턴 뜨시는 부장님께 커피 하나, 프림 두 스푼, 그리고 설탕 두 스푼의 황금 비율로 탄 커피를 내밀면 활짝 웃으시며 패턴도 빠르게 그어주셨다. 그렇게 샘플 작업실에서 눈동냥하면서 배운 시간들로 옷에 대한 이해도가 더욱 깊어졌다.

보다 넓은 세상을 꿈꾸게 되다

중국공장으로 QC(Quality Control, 검수) 겸 비즈니스 출장을 가게 되었는데 무엇보다 첫 해외 출장이었기에 내겐 의미가 컸다. 비행기로 45분 남짓, 제주도보다 가까운 거리의 중국 심양이라는 곳에 내렸다. 그러나 설렘도 잠시, 거기서부터 3시간 넘게 차로 이동해야 했는데 태반이 비포장도로라 마구 흔들렸고 흙먼지가 날렸다. 낯선 중국인 운전기사가 나를 어디로 데려갈지도 모르겠다 싶어 바짝 긴장한 채 마른침만 삼키며 보낸 불안과 공포로 3시간을 보냈다. 우리나라는 보통 산도 있고 강도 있고 나무라도 있는데, 그곳은 그 흔한 산 하나 보이지 않았다. 끝이 보이지 않는 황토색 황량한 도로를 한참 달려 대석교라는 작은 도시에 도착했다. 신기하게도 봉제공장들이 삼삼오오 모여 있었는데 그중 거래를 하고 있는 몇몇 공장들을 방문해야 했다. 공장 라인에는 내가 보낸 작업지시서가 걸려 있었고 옷들이 부분부분 만들어지고 있었다. 그때 우리가 주문한 자켓을 만드는 데 약 2만 원 정도의 원가가 들었는데, 그중 극히 일부가 공장의 공임으로 책정되었다.

오더 수량이 많지 않은 바이어였음에도 불구하고 공장 대표까지 나와서 환대해주었다. 그날 저녁 나는 극진한 식사를 대접받았다. 오리머리구이, 왕번데기탕, 황소개구리전골 그리고 알 수 없는 내장 요리들이 이 일대의 최고 음식이라고 했다. 눈을 어디에 둘지 몰라 맥주라도 마셔보려 했으나 미지근한 김빠진 맥주를 줬다. '중국 사람들은 술을 차게 마시지 않는구나.' 첫 해외 출장에서의 가장 강력했던 순간이었다. 무사귀환을 꿈꾸던 2박 3일의 출장 동안 실로 많은 것들을 보고 배웠는데 낯선 환경이 주는 긴장감은 언제나 모든 것을 스펀지처럼 흡수하게 했다. 그렇게 또다른 꿈을 꿨다. **보다 넓은 세계를 경험**

해보고 싶었고 새로운 도전으로 더 많은 것을 얻고 싶었다.

제너럴리스트가 된 계기

첫 회사는 신입을 뽑아준 고마운 회사였지만, 어느 정도 경력을 쌓은 후 더 다양한 경험을 하고 싶었기에 대기업 규모의 회사로 이직했다. 외국계 에이전트였는데 홍콩 본사를 필두로 40여 개국에 지사가 있는, 세계적 규모의 회사였다.

처음 이직을 마음먹었을 때 막상 무섭기도 하고 걱정이 많았지만 새로운 회사는 더 많은 기회를 열어주었다. 그 이후로도 몇 번의 이직 기회가 있었는데 그때마다 새로운 꿈을 꿨고 도전했고 성장했던 것 같다. 무엇보다 이직을 통해서 경력이 다양해졌는데 한 우물만 진득하게 파는 스페셜리스트가 아닌, 두루두루 다양한 경험을 한 제너럴리스트가 되어가고 있었던 것 같다.

동경심을 동기 삼아 성장하다

외국계 에이전트에서 내가 속한 부서는 미국의 한 캐주얼 브랜드를 담당하고 있었다. 연간 수천만 불을 수주받아 운영했는데 규모가 큰 만큼 세분화된 업무체계가 있었다. 남성 니트, 남성 우븐, 여성 우븐,

여성 니트 등 복종별로 팀이 나누어져 있었고 패턴과 핏을 다루는 테크니컬디자인팀과 생산관리를 하는 QC팀까지 대략 백여 명이 한 그룹이었다. 회사 내 다른 그룹들도 다양한 브랜드 바이어들과 각각 연결되어 일했는데 당시 브랜드의 흥망성쇠에 따라 그룹도 커지거나 축소되곤 했다. 다행히 내가 속한 그룹의 브랜드는 성장세였다. 무엇보다 트렌드를 선도하고 내가 즐겨 입을 수 있는 옷을 만든다는 사실이 재미있었다.

아침마다 소설책 한 권만큼의 이메일을 뽑아서 팀원 수만큼 복사하고 나면 팀 회의가 시작되었다. 하나하나 이슈를 체크하고 방향을 제시하는 팀장님이 너무 멋있었다. 영어도 유창하게 잘해서 미국 바이어와 통화 소리가 들리면 괜히 쳐다보게 됐다. 생각해보니 막연한 동경심이 있었던 것 같다.

당시 회사가 사상 최고의 성장세를 겪던 시기라 일이 너무 많아 힘들었다. 하지만 미국 내 800여 개 매장에 내 손을 거친 많은 옷들이 진열된다는 사실을 떠올리며 이겨냈다.

온라인 세일즈의 성장과 변화

미국 오더는 여름 시즌이 컸다. 혹독한 겨울을 견디게 할 방한용품은 뉴욕이나 알래스카처럼 북쪽에 있는 도시에만 필요하니 겨울 시즌의 오더들은 수량이 많지 않았다. 그때 당시 바이어들도 예측이 힘들었는지 스타일당 약 100장 정도를 비행기로 실어갔는데 '웹오더'라는 말을 썼다. 웹은 영어로 WEB, 즉 온라인을 뜻했고 온라인에서 판매할 오더라는 뜻이었다. 온라인으로 매장보다 미리 상품을 오픈해서 빠르게 구매가 일어나는 상품을 리오더하는 방식을 쓰기 시작한 것이었다. 그러면서 시즌도 점점 세분화되었는데 봄, 여름, 가을, 겨울 이렇게 네 개의 시즌이 봄, 간절기, 여름, 핫썸머, 가을간절기, 가을, 겨울, 홀리데이 등 두 배로 늘어났다. 웹서핑으로 새로운 제품을 찾는 고객들의 니즈에 맞춰 신상 발매주기도 빨라져야 했기 때문이다.

바이어 체계도 달라졌는데 디자이너와 바이어(MD) 사이에 PM이라는 새로운 직책이 생겼다. PM은 프로덕트 매니저로서 제품과 관련한 모든 중요한 일을 결정하는 일을 했다. 온라인 세일즈 규모가 커지면서 상품기획부터 생산, 판매, 광고까지 연결된 전반적인 의사결정을 빠르게 진행하는 것이 중요하기에 생겨난 직책이다. 그렇게 미국 패션 시장은 빠르게 온라인으로의 전환을 시작했고 2008년 리먼브라더스 사태가 있기 전까지 무섭게 성장했다.

준비하는 자에게 기회가 온다

이후 출산으로 인한 비자발적 경력단절을 잠시 겪은 후 새로운 회사로의 이직을 감행했다. 유·아동 카테고리의 상품 MD였는데 의류가 아닌 완구, 소비재 등을 매입하고 적절한 재고를 지속적으로 발주하여 매출에 기여하는 일이었다. 주로 해외에서 수입해야 하는 것들이라 영어가 필수였는데, 취업을 준비하면서 토익은 높은 점수를 받았지만 실전 영어 실력은 한참 모자랐다. 그렇기에 영어 이메일 잘 쓰는 법, 실용적인 비즈니스 회화 관련 책을 끼고 살았다. 출퇴근길에 영어 라디오나 영어회화를 배울 수 있는 자료들을 듣고 또 들으며 영어 실력을 키우려고 애썼다. 회사가 새로운 완구 브랜드를 인수하게 되면서 해외 수출도 하게 되었을 때 나에게 기회가 주어졌다. 긴 노력 끝에 회사 내에서 영어를 제일 잘하는 사람이 되어 있기도 했고 자신감도 있었다. 그렇게 해외영업을 하면서 수입과 수출에 관한 무역 전반의 지식까지 쌓았다. 국내 상품뿐만 아니라 해외 상품까지 상품전략을 짜고 원가 및 수익률을 따지며 전반적인 소싱 관련 일을 하게 됐다.

그렇게 5년이 지나자 꿈꾸던 일을 하고 있었다. 상품을 기획해 소싱하고, 생산하고 판매까지 관리하는 PM이 되어있었던 것이다. 이후 나는 독일, 홍콩, 뉴욕 전시회에서 호스트가 되어 상품을 소개하고 해외 바이어를 발굴해 수출을 늘렸으며 더 나아가 브랜딩까지 맡게 되었다.

두 명의 CEO에게서 배운 교훈

회사가 커지면서 미국 지사가 생겼다. 대표님은 미국 지사의 CEO 후보들을 물색했고 화려한 경력을 가진 미국인 CEO가 임명되었다. 그가 잘 업무를 잘 수행할 수 있도록 물심양면으로 지원했지만 고마움은커녕 없는 리소스에 대한 불만이 많았고 거만했다. 차라리 나를 파견보내주면 더 잘할 수 있겠다 생각했지만 미국에 기반이 없던 나에게 기회는 주어지지 않았다.

미국에는 한국에 없는 브로커라고 불리는 중간영업자가 있었는데 한 브로커가 특정 구역의 크고 작은 상점들을 연결해주기도 했고, 아마존이나 월마트 같은 대형 유통을 주선해주는 브로커도 있었다. 브로커의 역할이 컸기에 그들 없이는 입점이 힘들었다. 첫 미국 CEO는 화려한 경력에 비해 브로커 인맥이 적었다. 당연히 실적이 좋을 리가 없었다. 결국 새로운 CEO로 교체되었는데 첫 CEO와 정반대의 성품이었다. 비록 경력이 화려하지 않았지만 겸손했고 모든 것에 감사할 줄 아는 사람이라는 것을 매일 아침 화상통화를 하면서 느꼈다. 시차 때문에 내 업무시간이 그의 퇴근 이후 늦은 저녁시간이었지만 오히려 시간을 내준 나에게 감사하다고 해줬다. 친분이 쌓이면서 나는 더 많은 아이디어를 내주고 다른 해외 바이어들의 성공적인 영업전략도 공유했다. 그는 자신을 낮추고 상대방의 마음을 움직여 더 많은 것을 얻어내는 능력이 있었던 것 같다. 시간이 지나면서 그의 영업력은 빛을 발해 미국의 빅3 유통채널 중 하나인 타겟에 입점했고 점점 입지가 굳어져 10년이 지난 지금도 그 자리를 지키고 있다. 화려한 스펙에만 의존하여 있는 척만 하는 사람은 CEO 자리를 감당할 수 없다. 높은 자리일수록 겸손하게 자신을 낮추고 사람의 신뢰를 쌓아 움직이게 해야 한다는 교훈을 깨달았다.

오프라인이 저물고 온라인이 떠오르다

고생 끝에 낙이 온다고, 그 경력이 어떻게 연결이 되다 보니 연간 7조 매출을 내는 유통기업에 이직해 바이어로 일하게 되었다. 기획부터 생산 매니징, 오프라인 유통 전반을 경험한 동시에 온라인에 대한 니즈를 제대로 느낄 수 있던 때였다. 온라인 비즈니스가 급성장하던 시기였고 기존의 거대한 유통조직은 위기에 처했다. 그 시점이 불과 5년 전이었다.

내 경력에서 이커머스, 즉 온라인에서의 경력은 최근 몇 년이 전부이다. 그럼에도 불구하고 미래의 이커머스 전문가가 되겠다고 선언한 데는 이유가 있다. 수많은 오프라인 점포들을 통합하거나 클로징하는 일들을 겪으면서 앞으로는 온라인이 대세임을 절실히 느꼈기 때문이다.

바이어로 일했던 영국계 유통기업은 자체 PB 브랜드를 운영하고 있었는데 남성, 여성 그리고 아동까지 연간 천억 이상의 매출을 일으켰다. 철저한 기획생산 체제였는데 바이어는 상품기획과 물량을 확정하고 생산관리 및 판매관리까지 담당해야 했다. 나는 아동복 바이어로 일했는데 마침 초등학생인 아들이 있어 니즈에 대해 누구보다 더 잘 이해할 수 있었다. 내년에도 입히려고 한 치수 큰 옷을 사 입혔더니 어벙벙하니 예쁘지도 않고, 막상 다음 해엔 맞지 않아 남에게 줘야 하는 옷들이 수두룩했다. 비싼 브랜드 옷들은 겉보기엔 깔끔하지만 늘어나지 않는 소재라 아이가 활동하기에도 불편했다. 즉, 편하고 가성비 좋은 옷이 예쁘기까지 하면 금상첨화였던 것이다. 그래서 스포츠

브랜드에서 많이 쓰이는 스트레치 소재를 주로 쓰고 판매가격을 낮추기 위해 기존 중국 생산을 인도, 방글라데시까지 확대시켰다. 미키마우스, 겨울왕국 등으로 유명한 디즈니와 라이선스 계약을 진행했는데 판매가 잘 되어 전년 대비 120% 이상 매출 신장 성과도 올렸다. 고객의 니즈를 파악하고 빠르게 선보이는 것이 오프라인에서의 상품전략이었다.

이커머스가 점점 더 커짐에 따라 회사 내부에서도 온라인 세일즈를 준비하기에 이르렀다. 식품이나 공산품들은 상품에 많은 옵션 선택이 필요하지 않았지만 의류는 한 스타일당 컬러와 사이즈까지 선택해야 하기에 옵션 개발이 쉽지 않았다. 개발자들도 의류는 난색을 표했고 결국 주력 카테고리에 속하지 못했다. 전사적으로 방문객이 줄어들면서 의류 매출도 하락세로 접어들었다. 의류 브랜드를 점차 없애겠다는 이야기까지 나왔고 사업부는 점점 축소되었다. 회사가 사모펀드에 매각되면서 조직개편이 지속되었고 수장이 몇 차례 바뀌면서 불안했던 것도 사실이다. 그때쯤 나를 포함한 많은 사람들이 다른 기회를 찾아 이직의 길에 올랐다. 오프라인이 저물고 온라인이 떠오르던 격변의 시대였다.

이커머스가 성장할 최적의 환경

이 시기에 여건이 맞아 초등학생인 아들과 미국에 약 두 달 살기를 감행했다. 아이에게 짧은 기간이라도 넓은 세상에서 공부해볼 기회를 주고 싶었다. 그때 미국 살기를 준비하던 과정을 블로그에 소소하게 올렸다. 미국에서 얻은 다양한 여행 팁을 포스팅했더니 어느 순간 방문자가 하루 천 단위가 넘어서는 일이 발생했다. 미국 비자인 ESTA를 발급받는 법이나 미국에서 렌터카를 빌리는 방법, LA 고카드 활용하기, 단돈 9불에 필드에서 골프 치기 같은 글들이 조회수가 많았다. 많은 사람들이 알고 싶어 하고 필요로 하는 정보들을 다루는 것이 얼마나 중요한지에 대해 알게 된 계기였다. 숙소 중개 플랫폼인 에어비앤비를 통해서 아이가 갈 학교 근처의 숙소를 예약했는데 전형적인 미국 스타일 하우스였다. 1층 거실 TV로 넷플릭스를 통해 영화를 볼 수 있었는데 그로부터 딱 1년 후 한국에 넷플릭스 열풍이 불었다. 미국의 IT는 한국보다 한걸음 빠르다는 느낌이었다. 디즈니랜드에서는 앱을 통해 입장권을 대신할 수 있었고 탑승 예약도 가능했다. 지역 기반 핫딜 앱이 발달해 있어서 호텔 예약도 비딩(Bidding, 호가를 소비자가 직접 책정하고 판매자가 승낙하면 판매가 이루어지는 형식)을 통해 저렴하게 구할 수 있었고, 골프나 각종 스포츠도 모바일로 예약부터 결제까지 해결되었다. 그렇게 발달한 IT 기술 기반의 다양한 서비스를 갖춘 미국도 이커머스에는 지리적인 장벽이 있었다. 너무나 땅이 넓어 배송이 오래 걸린다는 물리적인 한계점이 존재했다. 지역 거점 창고를 가지고 있는 대형 이커머스 플랫폼들은 막대한 비용을 물류비와 창고 유지비로 지출해야만 한다. 반면 한국은 도서산간 지역을 제외하고는 당일배송도, 아니 이제는 새벽배송도 가능하다. 여기에 발전한 IT 기술까지 더해져 **그 어떤 나라보다 이커머스가 성장하기에 최적의 환경을 갖추고 있다.** 우리나라에서 앞으로는 이커머스가 시장을 주도할 것임을 쉽게 예상할 수 있었다.

드디어 이커머스 한가운데 서다

한국에 돌아와 이직을 준비하면서 온라인 기반 회사에 지원했지만 이커머스 경력이 부족해 쉽지 않았다. 결국 한 온라인 기반 브랜드에서 상품기획자로 일하게 되었다. 상품기획팀은 새로 만들어진 팀이었다. 그전까지는 정통적인 상품기획 과정 없이 빠르게 유행을 감지하고 대응해가면서, 잘나가는 상품은 리오더하고 키워가는 형태로 운영되고 있었다. 게다가 퍼포먼스 마케팅으로 불리는 공격적인 마케팅을 전개하면서 연간 성장률이 100%를 넘어서는, 그야말로 떠오르는 이커머스의 루키 같은 존재였다. 기존 브랜드의 기획 방식을 도입하기 어려운 구조였고, 기존의 프로세스를 무시하고 다시 시작할 수도 없었다.

스스로 공부가 필요하다고 판단하던 때, 이커머스마피아라는 모임에서 스터디를 시작했다. 이커머스에 대한 다양한 시각과 흐름을 흡수하면서 점점 더 자신감이 붙었고 지금은 그 모임의 운영진이 되었다. 무엇보다 내가 아는 분야가 아닌 다양한 분야의 이커머스를 분석하고 문제점이나 개선점을 토론하는 일이 재미있었다. 회원들 모두가 각자 담당한 커머스 앱을 기반으로 다양한 관점에서 분석하고 발표하는 형식이었다. 비슷한 업계의 열정을 가진 사람들이 모였고 값진 인맥이 쌓였다. 그러던 어느 날 그 모임의 한 대표님으로부터 강의 의뢰를 받았다.

3

꿈꾸면
그렇게 될 것이다

자신감 있는 표정을 지으면 자신감이 생긴다.

- 찰스 다윈(Charles Darwin)

가면증후군

가면증후군이란 무려 70%의 사람들이 가지고 있는 증후군으로, 자신의 전문 분야에서 업무를 지속하면서 어느 순간 자신의 실력이 부풀려졌거나 거짓이라 느끼며 스스로를 사기꾼이라고 느끼게 되는 증후군이다.

강의 의뢰를 받았다. 나는 강의를 하려면 한 분야의 전문가로서 오랜 경력이 있거나, 혹은 깊은 학식이나 특별한 자격이 필요하다고 생각했다. 그렇기에 막상 강의 제안을 받으니, 내 스스로 가면증후군을 겪기 시작했다. '나는 이커머스 경력도 짧으면서 잘하는 척 거짓 가면을 쓰고 있었던 걸까? 남 보기에 내가 강의를 할 만큼의 전문성이 있어 보이는 걸까?' 이런 질문이 꼬리에 꼬리를 물었다.

평소 강의 듣는 걸 좋아하고 그들을 동경한 적도 있고 또 그렇게 되고 싶은 적도 있었다. 특히 김미경의 파랑새, 아트스피치를 즐겨 봤는데 항상 자신의 경험을 바탕으로 강한 메시지를 전달하는 화술에 반해 그대로 해보리라 마음먹은 적이 많았다. 하지만 막상 내가 남들 앞에서 강의를 하려고 하니 부족하다는 생각이 들었다. 부족함을 조금이라도 빨리 채워야 한다는 압박감에 준비해야 할 수십 가지의 것들이 머릿속을 스쳐 지나갔다.

강의안을 구성하고 챙겨야 하는 자료들을 차근차근 공부했다. 애매한 수치들을 점검하며 비슷한 주제의 다른 강사들의 강의도 들었다. 시간이 지나자 어느새 그럴싸한 강의안이 만들어졌고 나도 몰랐던 것들을 부지런히 채우게 되었다. 생각해보면 내 스스로 생각한 가면에 노력으로 나를 끼워맞췄던 시간이었다. 3시간 남짓 강의하면서는 시간 가는 줄 몰랐다. 그만큼 모든 에너지를 쏟으며 열변을 토했다. 강의가 끝나자 비로소 발끝부터 머리 꼭대기까지 피곤이 몰려왔다. 다행히 강의 평가가 좋았다는 피드백을 받았을 때, 제대로 강의를 하고 싶다는 꿈이 생겼다. 자격을 더 갖춰야겠다는 생각이 들어 대학원에 진학하기로 결심했다. 강의에 필요한 다양한 지식을 공부한 후, 나만의 분야를 만들어 1인자가 되겠다고 생각했다.

지금은 이커머스 전문가로서 상품기획 강의를 준비하고 있고, 현재하고 있는 이커머스 일에도 더 욕심이 생겼다. 급변하는 이커머스 시장의 전문가로서 최근 화두인 NFT, 메타버스에 대응하고 발 빠른 멘토가 되기 위해 전문가들이 모인 스터디 그룹에 들어갔다. 개발자들과 이커머스 분야에 있는 사람들이 모였고 NFT가 멀지 않은 미래에 이커머스의 주요 수단이 될 것이라는 믿음을 가지고 공부하기 시작했다. 언젠가 이커머스 전문가의 확장으로 NFT 기반 메타버스 이커머스를 주제로 강의할 수도 있겠다는 생각도 해본다.

나만의 시험 준비, 나만의 강의 준비

1982년에는 나를 포함해서 82만 명이 태어났다. 공평하게 같은 교과서와 시간이 주어졌고 남보다 덜 자고 덜 놀아야 이룰 수 있는 내신과 수능을 통해 대학에 입학했다. 머리가 뛰어나게 좋지 않았기에 온갖 암기 비법을 익히고 많은 시간을 들여 시험을 준비했다. 3주 전부터 계획을 세우고 모든 개념을 정리했고 2주 전부터는 암기하면서 가능한 많은 문제집을 풀었다. 보통은 여기까지가 시험 준비의 끝일 수 있지만 나는 나만의 시험 준비가 하나 더 있었다. 자신 없는 단원이나 주요 과목은 내가 선생님이 되어 강의하듯 공부를 했고 설명이 막히는 부분은 모르는 부분이었기에 다시 개념 공부부터 하면서 보완해 나갔다.

또 한 가지, 선생님이 꼭 낼 것 같은 예상문제를 만들어 시험 직전에 풀었다. 중요한 개념에 대한 문제는 시중 문제집에도 많지만 선생님들은 차별화를 꾀한다. 꼬아내고 틀리기 쉬운 문제들을 생각하면서 나만의 시험 준비를 완성했다. 그리고 보니 나는 강의 준비 방법을 이미 알고 있었다. 내 강의를 듣는 사람들이 무엇을 기대하는지를 생각해야 한다. 핵심을 효과적으로 전달해야 하고 나만의 메시지로 차별화해야 한다.

나만의 메시지, 브랜드 캠페인

내가 전해야 할, 한결같고 확고한 신념과도 같은 메시지는 브랜드가 전개하는 캠페인 슬로건과도 같다. 나이키는 'JUST DO IT'이라는 캠페인 메시지 하나로 수많은 가능성을 제시했고 시장점유율 1위, 선호도 1위의 스포츠 브랜드로 자리매김했다. 블랙 티셔츠에 청바지 차림의 스티브 잡스가 무대 위에서 아이폰을 소개하는 장면은 아직도 생생하다. 그가 애플사를 세계 최고의 IT 기업으로 자리 잡게 만든 핵심 메시지는 'Think Different', 다르게 생각하는 것, 즉 혁신이었다.

이 브랜드들은 꾸준히 한결같은 슬로건을 통해 지금의 확고한 메시지를 전달하고 고유한 이미지를 구축했다. 사람들은 무언가 새로운 가능성을 찾으러 나이키를 사고, 혁신적인 기능을 기대하며 애플 아이패드를 손에 넣는다. 이렇듯 내가 브랜드라면 꾸준히 확고한 신념처럼 외칠 한 가지 메시지, 내 브랜드의 캠페인이 절실해졌다.

'Do Ecommerce', 이커머스 하세요

이 글을 쓰면서 내 스스로 무엇을 하는 사람인지 정의했고, 내 과거 이야기를 통해 앞으로 무엇을 할 것인지를 선언했다. 그리고 이제 어떤 메시지를 줄 것인지를 약속할 차례다. 나는 상품기획부터 소싱, 판매, 마케팅 및 브랜딩까지 모든 분야의 경력을 가지고 있다. 사업해도 잘하겠다는 말을 수없이 들었고 실제로 사업을 꿈꾼 적도 있지만, 내 상황이 녹록치 않았다. 대신 크고 작은 회사를 운영하는 대표님들이 골치아파하는 문제를 나에게 털어놓으실 때마다 더 나은 방향과 전략을 제시했고 결과도 좋았다. 제갈량 같은 전략가의 기질이 있는 컨설턴트였을지도 모른다.

사업을 시작하려면 으레 필요한 큰 자본금이나 투자금은 이커머스를 만나는 순간 선택이 되는 시대가 왔다. 지금은 진입장벽이 낮아져 누구나 이커머스에 도전할 수 있고 실제로 수많은 사람들이 스마트스토어 혹은 SNS나 유튜브를 통해 이커머스를 하고 있다. "너는 그렇게 팔로워가 많은데 왜 아무것도 안 해? 이커머스 해!" 비단 2년 전쯤 친한 친구에게 무심코 던졌던 말이었다. 그런데 바로 일주일 전 그 친구가 도움을 요청해왔다. "너 그때 나보고 해보라고 했었잖아, 옷은 어떻게 만들어? 어떻게 시작할 수 있어?" 이커머스 전도사가 된 기분이었다.

이렇듯 누군가는 상품을 소싱하는 데 어려움을 겪고 있고, 누군가는 마케팅을 어디서부터 어떻게 해야 할지 모르겠다고 한다. 슬슬 많은 사람들이 나에게 질문을 던지기 시작했다. "이커머스 어떻게 해요?"

나는 거기에 과감히 선택지를 던질 것이다. 지금까지 체득한 모든 경험을 바탕으로 가장 합리적이고 성공 가능성이 높은 이커머스 전략을 약속하겠다. 기획, 생산, 판매, 배송, 마케팅, 고객관리, 이벤트, 데이터 등 모든 이커머스에 필요한 전략을 함께 고민할 사람이 필요하다면, 이제 당당히 말할 수 있다. "나를 검색하세요."

사업계획서는 공감이다

박상현
공감 사업계획자

박상현 / 공감 사업계획자

◇ **학력**

충북대학교 영어영문학과 졸업

호서대학교 창업경영학과 재학 중

◇ **창업 경력**

現 알비소프트 대표, ㈜에코스텍 대표이사

◇ **수상 경력**

특허(8회), 공모전(5회), 지방기관(3회), R&D(2회), 대학교(2회), 금융권(2회)

창업진흥원(1회) 등 지원 규모는 약 5억 원 이상

◇ **이메일 / 블로그**

이메일: ozingo@daum.net

블로그: https://blog.naver.com/ozingor

집필동기

"창업은 전쟁이다. 먼저 사업을 계획하라."

'시계(始計), 먼저 헤아려라' 손자병법 1장에서는 전쟁에 대해 맨 처음 세우는 계획이 중요함을 강조하고 있다. 전쟁을 준비함에 있어, 몇 년을 버틸 수 있는 식량부터 무기 및 전술까지 치밀한 계획을 세워야 이길 수 있다. 창업도 마찬가지다. 창업 역시 총만 들지 않았을 뿐 치열한 준비가 필요한 전쟁이다. 전쟁에서 살아남기 위해서는 많은 준비와 인내 그리고 노력이 필요하며, 이것을 미리 확인하고 준비할 수 있는 것이 '사업계획서'라고 단언할 수 있다.

자신이 해야 할 전쟁, 즉 창업 전쟁을 성공으로 이끌 수 있도록 사업계획서를 통해 미리 성공 여부를 확인해보고, 사업에 대한 시뮬레이션을 돌려보고 나서 사업을 시작한다면 반드시 실패 확률은 낮아질 것이라고 확신한다.

요즘은 너무나 빠른 정년퇴직, 빠르게 변화하는 산업환경 등으로 인해 어쩌면 많은 사람이 반드시 창업해야 하는 상황 속에 놓여 있다고 해도 무방하다. 어떤 이는 창업을 하면 자신 스스로 성공을 할 수 있을 것이라는 자신감으로 가득차 있는 사람들도 있다. 그렇지만, 현실을 돌아보면 너무나 냉혹하고 무자비할 정도이다.

반대로 어떤 이는 창업이라는 것에 대해 큰 두려움을 가지고 있는 사람도 있다. 창업에서의 두려움은 자신이 무엇을 어떻게 해야 할지 잘 모르기 때문에 나타나는 현상이다.

창업할 당시 나이 45세. '10년 후에도, 20년 후에도 직장생활을 할 수 있을까?' 하는 불안감으로 창업을 결심했다. 무엇을 어떻게 해야 할지 막막하기만 했지만, 사업계획서를 쓰며 창업에 대한 막막한 과정에 스스로 해결책을 찾아냈던 경험이 너무나도 큰 힘이 되었다.

1

어떻게 사업계획서
전문가가 되었나

~~~~~~

행복의 한쪽 문이 닫히면 다른 쪽 문이 열린다. 그러나 흔히 우리는
닫힌 문을 오랫동안 보기 때문에 우리를 위해 열려 있는 문을 보지 못
한다.

- 헬렌 켈러(Helen Keller)

정부지원사업 23관왕

지금까지 내가 정부기관 또는 지방기관에서 지원하는 사업을 통해
사업자금을 받은 횟수는 총 23회이다. 특허(8회), 공모전(5회), 지방기
관(3회), R&D(2회), 대학교(2회), 금융권(2회), 창업진흥원(1회) 등 지원
규모는 약 5억 원 이상이다.

사업을 위해 아이템 개발을 해야 했지만, 수중에 가지고 있는 사업 자금은 생활비를 제외하고 0원이었다. 그렇다고 은행으로부터 대출도 쉽지 않았고, 부족한 자금을 극복할 수 있는 유일한 방법은 정부지원사업을 통해 사업 아이템에 대한 평가를 받고 사업자금을 지원받는 방법밖에는 없었기에 열심히 사업계획서를 썼다.

어떤 사람은 정부지원금을 눈먼 돈이라고 생각한다. 하지만 그것은 100% 잘못된 생각이다. 정부지원사업에 지원해서 지원금을 획득하는 과정은 정부나 기관으로부터 투자를 받는 과정이다. 전문가들이 서류 심사를 하고, 사업을 하는 기관에서 좋은 사업 아이템을 발굴하여 국가 산업 발전에 기여할 수 있는 사업가에게 투자를 하는, 아주 좋은 제도이다.

대표자가 개발하고자 하는 사업의 아이템이 여러 심사 단계를 거쳐 최종 선택이 된다면, 그것은 정부기관으로부터 사업 아이템에 대해서 투자를 해도 된다는 공감을 얻었다는 것이므로 사업성 그 자체에 대해서는 검증을 받은 것이다.

누구에게나 기회는 주어지지만, 누구나 선택하지는 않는다

정부지원사업의 기회는 사업을 하려고 하는 사람들에게는 누구나 기회를 준다. 하지만, 누구나 그 기회를 얻을 수는 없다.

나 역시 처음부터 사업계획서를 잘 썼던 것은 아니다. 실패와 좌절의 순간들도 많이 있었지만, 끊임없이 도전하고 노력하여 결국 23관왕이라는 타이틀을 얻게 되었다.

누구나 이 글을 읽고 열심히 노력한다면 반드시 상응하는 결과를 얻을 수 있다고 생각한다.

합격하는 사업계획서의 세 가지 법칙

첫째, 사업계획서는 읽기 쉬워야(Easy) 한다. 사업계획서라는 문서의 틀 안에서 공감되고, 이해되는 이야기를 논리적으로 써내려가는 과정이기에 쉽게 써야 한다. 혹자는 사업계획서에는 어려운 용어와 난해한 문장이 있어야만 전문적으로 보인다고 착각한다. 그러나 이와는 반대로, 비전문가가 읽어도 쉽게 이해할 수 있도록 공감되게 써야 한다.

둘째, 문장과 문체는 간결(Simple)하게 써야 한다. 즉, 가독성이 좋아야 한다. 전문용어가 많거나, 문장이 너무 길면 읽기가 쉽지 않다. 사업계획서 심사과정에서 표현된 생소한 전문용어나 해당 분야 전문가만이 이해할 수 있는 어려운 표현이 있다고 해보자, 심사위원들은 어려운 전문용어와 문장 파악에 신경을 써야 하기 때문에, 정작 중요한 사업계획서의 전체 내용을 파악하지 못할 수도 있다. 심사위원들이라고 해서 모든 것을 알고 이해하는 전문가는 아니다.

셋째, 이야기(Story)가 있어야 한다. 즉 아이템을 개발한 동기가 충분히 있어야 한다. 요즘 사회 이슈를 가지고 문제를 해결하고자 하는 경우가 많은데, 그것보다는 자신이 겪었던 이야기나 해당 분야에 대한 경험 등을 사업계획서의 창업 배경에 넣는 것이 상당한 설득력을 가질 수 있다. 이야기는 사업계획서 전반에 걸쳐 공감할 수 있도록 구성해야 하며, 그것을 통해 자신만의 방법으로 해결할 수 있다는 스토리텔링이 있어야 한다.

사업계획서는 공감이다

여기서 사전적 의미의 '공감'이란 타인의 사고나 감정을 자기의 내부로 옮겨, 타인의 체험과 동질의 심리적 과정을 만드는 일이다. 즉, 다른 사람의 마음을 이해하고 설득하는 과정이다. 어려운 문장이나 단어 등으로 설명한다면 공감하기 쉽지 않아, 오히려 심사위원들은 불친절하다는 느낌을 받을 것이다. 그래서 내용을 공감할 수 있도록 가급적 친절하게 설명을 하거나 이미지로 표현해주면 좋다.

중학교 2학년을 대상으로 내 아이템을 이야기한다고 생각하고 작성하는 것이 좋다. 우리 아이템을 설득시키는 대상은 전문가나 박사 등 전문인들이 아니다. 늘 가까이 살고 있는 우리 가족, 친구, 이웃이며 지인들이다. 따라서 중학교 2학년 수준의 눈높이에서 내 사업을 설명한다고 가정하면 좋다. 만약 그들을 설득할 수 있고 이해시킬 수 있다면 그 사업계획서는 누구나 다 이해할 수 있는 공감 사업계획서가 되는 것이다.

아이템 제목은 첫인상이나 마찬가지라 매우 중요한 요소 중 하나이다. 제목을 통해 사업 내용을 쉽게 예측할 수 있어야 사업 전체에 대해서 공감할 수 있다.

'투수(透水)블록'이라는 제목의 사업계획서를 컨설팅해준 적이 있었는데, 처음에는 무슨 용도의 제품인지 전혀 이해할 수 없었다. '투수(透水)블록'의 투수(透水)를 가지고 유추해보자면, 대부분은 야구의 투수(投手)를 가장 먼저 떠올릴 것이다. 알고 보니 투수(透水)의 뜻은 물을 투과시킨다는 것을 의미했다. 투수(透水)블록이라는 아이템명 대신 '땅을 촉촉하게 적셔주는 보도블록'이라는 이름으로 컨설팅해주었던 기억이 있다.

앞에서 설명한 세 가지 법칙이 필요한 이유는 사업계획서를 읽는 사람이 공감할 수 있게 하기 위해서다. 사업계획서는 문제를 도출하고 그 문제를 해결해 나가는 과정을 다른 사람이 아닌 대표자 자신이 타겟 고객의 관점에서 공감할 수 있고 이해할 수 있도록 쓰는 과정이다.

'보이스'라는 영화에서 나오는 대사 중 김무열 배우가 했던 말이 있다. "보이스피싱은 공감이란 말이야. 무식과 무지를 파고드는 게 아니야. 상대방의 희망과 공포를 파고드는 거지", "팩트체크는 구라의 기본", "즐겨, 너가 즐기면 다 알아서 넘어온단 말이야" 등이다.

또한 '오징어 게임'이라는 드라마가 2021년에 세계적으로 굉장한 히트를 쳤는데, 이 드라마의 이야기에서 핵심은 공감이었다. 여러 가지 공감하는 이야기가 있지만, 그중에서 가장 큰 것은 어릴 적 즐기던 놀이에 대한 것이 아닌가 싶다. 40대 이상의 사람들에게 오징어 게임, 달고나, 무궁화꽃이 피었습니다, 구슬치기 등 놀이 이야기를 하면 모두가 그 게임 어렸을 때 많이 즐겼다면서 어릴 적 동네 친구들과 같이 게임을 즐기던 즐거운 추억의 공감대가 형성되기도 했다.

이와 같이 사업계획서는 즐거운 공감대를 이루어내는 과정이다.

2

진인사대천명(盡人事待天命), 사업계획서에 모든 것을 걸다

인생이 끝날까 두려워하지 마라. 당신의 인생이 시작조차 하지 않을 수 있음을 두려워하라.

- 그레이스 한센(Grace Hansen)

가정을 지키기 위한 직장생활, 그로 인한 번아웃

대부분의 사람에게 자신의 희망을 이야기하라고 하면 아마도 결혼하여 아이를 갖고 평범한 직장생활을 하고, 그렇게 행복하게 사는 것이 아닐까?

직장생활을 하고 있는 분들은 알겠지만, 직장 내의 문화는 참 복잡하고 힘든 생활의 연속이다. 직장생활 동안에는 매주 실적 보고를 해야 하고, 실적으로 자신을 평가받고, 실적이 좋을 때는 회사를 나가 무엇을 해보고 싶지만 실적이 좋지 않을 때는 회사생활 자체가 견디기 쉽지 않은 것이 사실이다.

요즘 직장인들은 직장생활에 대한 스트레스가 상당하다고 한다. 직장인들을 대상으로 한 설문조사에 따르면 '번아웃 증후군을 겪은 적이 있는가?'라는 물음에 대해 65.8%가 '그렇다'라고 답했다고 한다. 대부분의 직장인이 스트레스를 호소한다. 직장생활을 하는 모든 분이 이와 같이 스트레스를 받는 것은 아니지만, 대부분의 직장인이라면 많은 스트레스를 받고 있다는 것이 사실이다.

직장생활 당시, 2시간 넘는 출퇴근길에 왕복 총 4시간 이상을 만원버스 안에서 시달려야 했고, 하루 12시간 이상을 회사에서 보내야만 했다. 그것도 매우 긴장된 상태에서 보내야 하니 스트레스가 이만저만이 아니었다.

꼰대 같은 직장상사, 직장 내에서 펼쳐지는 정치 세력 싸움, 거래처와의 관계 등 수많은 난제와 과도한 업무 스트레스까지. 매월 실적 보고를 해야 하는 상황에서는 어느 노래의 가사처럼 주말에도 쉬는 게 쉬는 게 아니고, 웃는 게 웃는 게 아니었다. 압박감이 심해서인지 위장장애가 오고, 머리가 지끈지끈 아팠으며, 심리적으로 불안해지면서 성격이 예민해지기도 하였다.

예전에 다녔던 어느 회사에서는 사장님이 단순히 자신이 맞지 않는 일을 했다고 재떨이를 사람을 향해 집어던지거나, 골프채를 직원에게 휘둘러대며 위협을 가하거나, 심지어 인격모독에 해당하는 심한 폭언을 했던 적이 있었다. 당시 대부분의 직원들이 회사 사장으로부터 갑질 언어폭력과 폭행을 당해야만 했다. 물론 누구나 직장생활을 하다 보면 업무 실수를 하거나 잘못을 할 수도 있다. 잘못을 하면 직장상사로부터 야단을 맞거나 쓴소리를 들을 수도 있는 것은 당연한 일이다. 그러나, 이와 같이 폭력적인 행동을 한다든지, 입에 담지도 못할 심한 폭언을 한다든지 하는 것은 정말 아니라고 생각했다.

'영혼을 팔아서라도 직장에 나가는 것이 싫다'라고 하는 사람들이 주변에 많이 있다. 나는 이 말에 100% 공감한다. 그만큼 직장생활이라는 것은 말로 표현할 수 없을 만큼 고통의 연속이다. 심지어 자살까지도 이어지기도 한다. 최근 대기업 'H'사 디자이너가 지나친 스트레스로 인해 사랑하는 가족을 남기고 자살했다는 안타까운 뉴스 기사가 나온 것을 보고, 직장인이라면 누구나 공감할 뉴스라고 생각했다.

창업은 이렇게 어렵고 힘든 직장생활이 아니라 자신 스스로가 하고 싶어 하는 일을 하는 보람된 일이라고 생각했다.

이렇게 힘들고 고달픈 직장인 삶을 살아가면서, 사랑하는 가족의 미래를 끊임없이 생각하게 되었다. 한참 돈이 들어가야 할 나이에 쓸모없는 퇴물이 되고 말 것 같다는 생각이 들었다. 고생하면서 지켜낸 직장이지만 주어지는 보상은 매우 적을 것임을 알게 되었고, 결국에 회사를 위한 하나의 소모품에 불과하다는 것을 알게 되었다.

회사 퇴직 이후를 고민해보면서, 은퇴를 하면 과연 어떠한 상태가 될 것인가? 퇴직금으로 가족이 평생을 살아갈 수 있을까? 퇴직금으로 생활비를 쓴다고 하면 아마 1년이 채 되지 않아서 생활비가 바닥을 보일 것은 뻔한 결과였다. 아이 학원비, 식비, 대출금 이자, 자동차 유지비 등등 많은 돈이 매달 지출될 것이 예상되었고, 지출이 정점이 되는 시기에 오히려 50대에 경력단절이 되는 결과로 이어지게 된다는 것을 예상할 수 있었다.

1살이라도 젊을 때 과감히 창업을 결심하다

그래서 결심을 했다. '1살이라도 젊을 때 창업을 하자. 그리고 배울 수 있을 때 배우자.' 그러나 여기서 잘못되면 가족의 삶을 무너뜨리는 것이기에 최선을 다하기로 하였다.

사표를 내는 것에 대해 고민을 했던 것은 사실이다. 당장의 소득이 끊어지기 때문이었다. '이제는 어떻게 해야 하나? 무엇을 해야 하지?' 생각하던 그때, 책을 읽기 시작했다. 당시 주변에는 창업에 관한 과정을 이야기해주고 설명을 해줄 수 있는 사람이 없었다. 지금 다시 생각해보면 '창업에 대해 알려주기가 쉽지 않았을 것이다'라는 생각이 든다. 누구도 알려주지 않았기에 스스로 찾아내기 시작했다.

직장을 그만두기 전에 개발하고 싶었던 아이템이 있었다. 그러나 처음부터 어떻게 시작을 해야 할지 머릿속이 깜깜했다. 어디서부터 어떻게 시작해야 하나 고민하다가, 당시 창업진흥원 사업인 '창업선도대학'이 있었는데 처음으로 사업계획서를 작성해서 지원했다.

직장생활 동안 제안서를 많이 만들어본 경험이 있어서, 당연히 1차 서류는 합격을 할 줄 알았다. 하지만 보란 듯이 떨어졌고, 크게 낙심을 하게 되었다. 나중에 1차 서류 탈락한 이유를 알게 되었다. 다른 사람들이 작성한 사업계획서가 훨씬 잘 작성되었다는 것을 알았다.

서류 심사에서 탈락했던 대학교에서 메일이 왔다. 창업스쿨이 있으니 참가하라는 내용이었다. 이번 기회에 제대로 창업에 대해 배워보자는 마음으로 지원하여 합격했다. 창업스쿨을 다니면서 창업을 어떻게 하면 잘할 수 있을지 배우고 싶었다. 그중에서도 사업계획서를 잘 작성해서 정부지원사업에 합격하기를 원했다. 당시에는 대학교 내부에 여러 자금 지원사업이 있었는데, 그 지원금에도 도전하고 싶었다.

사업계획서는 창업의 시작, 그렇지만 너무 높은 1차 서류 합격의 벽

창업스쿨의 커리큘럼은 다양한 창업에 대한 주제를 가지고 진행되었다. 사업 아이템을 어떻게 도출해내는지, 사업계획서는 어떻게 작성해야 하는지에 대해 배우기 시작했다. 정말 열심히 썼다. 아침 9시부터 저녁 6시까지 쉬지 않고 집중해서 계속 사업계획서를 썼다. 하지만, 사업계획서에 대한 전체적인 이해도가 부족해서인지 여러 사업 기관에 지원을 했지만 떨어지기 바빴다.

계속해서 1차 서류에서 탈락하다 보니, 점점 한 가정의 가장으로서 압박감이 몰려왔다. 그동안은 저축해놓았던 돈과 퇴직금으로 버텨가고 있었지만, 점점 바닥을 드러내기 시작하면서 매우 힘든 시기를 겪어야만 했다.

실망, 실망, 실망… 그래도 또 사업계획서를 썼다. 실망스러운 마음을 극복하기 위해서 나는 계속해서 사업계획서를 썼다. 정말 사업계획서를 잘 쓰고 싶었기 때문에 어떻게 하면 잘 쓸 수 있을까 고민하고 아침부터 밤늦게까지 어떻게 써야 하는지 고민하였다.

심지어 사업계획서를 지도하는 강사들조차도 사업계획서를 제대로 작성해본 사람이 많지 않았다. 원론적인 이야기에서의 멘토링으로만 이루어졌고, 심지어는 검토해달라는 사업계획서를 제대로 보지 않고 잠깐 훑어보고는 어떠한 충고도 해주지 않은 적도 있었다.

창업스쿨 이외에도 도서관에서 사업계획서에 관한 책들을 찾아보기로 하였다. 그러나 당시에는 사업계획서를 어떻게 써야 하는지에 관한 서적이 도서관에는 거의 없었다. 그래서 유튜브에서도 찾아보았고, 인터넷에서도 자료를 탐색해보았으나 도움이 될 만한 자료들이 충분하지 않았다. 도서관에서 도움이 될 만한 여러 관점의 책들을 찾아서 읽게 되었고, 그 책들의 지식과 지혜들이 쌓여 사업계획서를 작성하는 데 큰 도움이 되었다.

1차 서류 통과만이라도… 가독성 빵점 사업계획서

열심히 책을 읽었지만 사업계획서를 잘 쓰기까지는 어려움이 많았다. 책을 읽는다고 바로 지혜가 좋아지는 것은 아니기에, 사업계획서를 어떻게 써야 할지 갈피를 잡기 어려웠다. 점점 미궁으로 빠져가는 것 같았다. 그때 심적인 고통은 이루 말로 다 표현할 수 없었다. 사랑하는 가족을 지켜야 하는데 지키지 못할 수도 있다는 불안감이 엄습했다. 창업을 해서 미래를 준비해야 하는데, 사업계획서에서 무너질 수 있다는 것에 너무 힘들고 괴로웠다.

그렇지만 이렇게 무너지면 안 되겠다는 생각을 했다. 더욱 열심히 책을 읽었고 사업계획서를 썼다. 다른 사람들의 사업계획서를 보고

2015년 창업선도대학에 제출한 가독성 없는 사업계획서

싶었지만 다른 사람들의 사업계획서를 볼 기회는 주어지지 않았고, 만약 본다고 하더라도 써야 할 사업계획서와는 다르기 때문에 그다지 참고가 되지 않을 것 같기도 했다.

나중에 다시 사업계획서를 보면서 느꼈지만, 왜 탈락했었는지 이유를 알 것 같았다. 가독성이 빵점이었다. 사업계획서는 읽는 사람이 쉽고 편하게 읽을 수 있도록 하는 가독성이 매우 중요하다. 그러나 내 사업계획서는 빽빽하게 글씨로만 구성되어 있었고, 표현하고자 하는 사업의 내용이 잘 드러나지 않았다.

가독성 없는 사업계획서를 20곳 이상에 제출해보았지만, 1차 서류에서 모두 불합격! 정말 그렇게 열심히 썼는데! 절망스러움 그 자체였다. 잠을 이룰 수 없을 정도로 괴로웠다. 1차 서류 통과가 되어야 다음 단계로 넘어가는데, 1차 서류 통과도 안 되니 말이다.

경쟁률이 적은 정부지원사업부터 도전하다

이렇게 계속해서 1차 서류 통과에 실패하면서도 계속 도전을 하게 되었고, 선착순으로 지원해주는 사업이나, 경쟁률이 적을 것 같은 작은 사업들에 지원을 하는 것으로 전략을 수정했다.

국내권리화(특허, 실용신안)지원사업 선정 결과. 33개 지원하여 30개 기업 및 개인 선정

당시에는 큰 금액을 받고 싶었던 욕심이 있었던 것이 사실이었기 때문에 이렇게 하다가는 아무것도 안 될 것 같았다. 비교적 쉬운 상대를 골라 공략하기 시작했다. 특히 특허 같은 경우에는 지식센터 지원사업이지만 사업계획에 매우 중요한 요소였다. 사업계획서상에 제품의 차별화와 독창성 등은 반드시 들어가야 하는 기술적 내용이고, 이 부분은 변리사가 특허 등록을 위해 전략적으로 작성해줄 수 있는 부분이기도 하다. 대표자가 이 부분을 작성하는 것이 아니라, 변리사라는 전문가가 기술적 접근을 통해 작성해주기 때문에 기술적으로 많은 도

움을 받을 수 있는 항목이었다.

특허 지원사업은 선착순인 경우가 많고, 어떤 창업스쿨에서는 특허비 지원을 해주는 경우도 있어서, 적은 금액이라도 지원을 받을 수 있었다. 당시 지식센터에서 선착순으로 특허비를 지원해주겠다고 하여 몇 개의 특허비 지원을 받았다. 창업스쿨에서도 특허비를 지원받아 몇 개의 특허를 낼 수 있었다. 부지런하면 할수록 많은 지원사업의 기회를 얻을 수 있게 된다는 것을 알게 되었다. 각 기관의 사업상의 재량으로 지원을 해주는 것이었기에 이 제도를 잘 이용했다.

작은 사업의 작은 지원금을 받는 것으로부터 시작했다. 계속해서 소규모 지원사업에 도전하면서 작은 성공의 기회를 맛보게 되었고, 사업계획서의 내용도 조금씩 발전해나갔다.

특허비 지원은 특허 관련 지원을 받는 것이었지, 내가 하려고 하는 사업의 본질은 아니었다. 그래서 나는 왜 1차 서류에 불합격했는지 분석하기 시작했다. 여러 가지 이유가 있겠지만 첫째, 가독성이 엉망이었다. 둘째, 사업성이 보이지 않았다. 셋째, 무슨 제품인지 이해되지 않았다. 넷째, 판로가 보이지 않았다. 다섯째, 대표자의 경력이 아이템과 전혀 매칭되지 않았다.

IoT 공기정화기였는데, 한마디로 개발 능력이 없다고 보았던 것 같다. 전공도 인문학이고, 실질적 회사 경력에서도 개발 업무를 한 적이 없었기 때문이었다. 그리고 그 아이템이 공기정화를 시킬 수 있을까 하는 의문을 가졌던 것 같다.

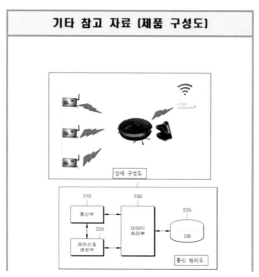

기타 참고 자료 [제품 구성도]

상세 구성도

통신 원리도

이해하기 어려운 제품 구성도

사업 아이템의 문제점을 인정하고 해결 방법을 넣는, 땀냄새 나는 사업계획서

처음에 사업계획에 대해 다른 사람들이 문제점을 이야기할 때는 많이 서운했다. 하지만 다른 사람의 지적을 지적이라 생각하지 않고, 충고라고 생각하며 받아들이기로 마음의 결심을 했다. 잘못되었다고 지적하는 부분을 인정하는 것이었다.

사업계획서는 완전히 해결된 것만 적어놓는 것이 아니라는 것을 깨달았다. 사업을 하려고 했던 아이템은 사회적 이슈나 문제점을 해결하기 위해 개발을 하려고 했던 것이었다. 사업 자체가 처음부터 완전하지 않기 때문에 여러 사람의 다양한 관점이 존재하고, 문제 해결 방법에 대한 다양한 의견이 존재하기 때문에 그 의견을 받아들여야 했다.

처음에는 다른 사람이 발표자를 공격하기 위한 것이라고 생각했다. 하지만 그것이 아니었다. 대표 스스로가 아직 문제점을 제대로 파악하지 못했을 뿐만 아니라, 문제 해결에 대한 준비가 되지 않았다. 따라서 다른 사람들이 조언하는 문제를 무시하거나, 별로 문제가 되지 않는다고 치부해버리면 안 된다는 것을 알게 되었다. 문제를 인지하고 문제 해결 방법을 객관적으로 공감할 수 있게 적어야 한다는 것을 깨달았다.

앞서서 사업계획서만 써서는 절대 안 되겠다고 생각했다. 그래서 직접 실천하면서 스스로 만들어보고, 모르는 부분이 있으면 해당 분야 전문기관이나 취급 회사에 직접 전화를 했고, 필요에 따라 미팅 약속을 잡고 직접 찾아가서 정보를 수집하기도 하였다. 그리고 그 정보들을 사진으로 남기기도 하고 문서로도 남기면서 사업계획서는 점점 완성도가 높아져갔다. 직접 해보고 공감할 수 있는 이야기로 만들어가기 시작했다. 제작하려고 하는 제품이 어떤 것인지도 점점 감을 잡기 시작했고, 완성품에 대한 윤곽이 뚜렷해져가고 있었다.

만들고 싶은 아이템 부품은 가급적 범용으로 사용하기 위해 시중에 나와 있는 부품으로 구성하려고 애썼다. 아이템에 맞는 부품을 찾기 위해 대형마트는 대부분 다 가보았고, 공구상가도 안 가본 곳이 없었으며, 부품이 없을 때는 직접 제작도 하였다. 이렇게 노력해도 부품을 구할 수 없으면, 중국의 알리바바나 아마존에서 아이템을 찾아서 직접 수입을 하기도 하였다.

이렇게 구해진 부품들은 모두 사업계획서에 녹였고, 사업계획서의 완성도도 점점 높아졌다.

직접 부품들을 구입하여 만든 제품

어떠한 제품을 개인 혼자서 만들어낸다는 것은 결코 쉬운 일이 아니었다. 회사에서 아이템 개발을 할 경우에는, 개발 부서를 필두로 여러 부서와 같이 협업을 통해 개발을 진행했다. 회로설계, 기구설계, 디자인, 구매, 영업, 마케팅 등 여러 부서가 각자 업무 위치에서 전문 분야를 담당했지만, 창업은 모든 것을 혼자 감당해야 했기 때문에 많은 어려움이 있었다.

그래도 사업계획서를 작성하면서 조금씩 개발 제품에 대한 이해도가 올라가기 시작했고, 시장을 파악하면서 제품에 대한 완성도를 높여갈 수 있었다.

이렇게 준비해서 작성한 사업계획서는 1차 서류 합격이라는 결과물로 이어졌다. 나름대로 이제는 완성도가 높아졌다고 생각을 했던 것 같다. 약 10개월 만에 이루어진 쾌거였다. 너무나 기뻤다. 이제 합격이 되면 무엇을 어떻게 할까 하는 기대감에 부풀었다. 발표평가는 무조건 합격할 것을 기원하면서, 정말 열심히 준비했다. '이제 정부지원금을 받을 기회가 생겼구나' 생각했다. 하지만 막상 발표평가를 하면서 모든 것이 무너졌다.

열심히 준비한 발표를 마치고 기대감에 질문을 기다렸는데, 발표가 끝나기 무섭게 까다로운 지적이 쏟아지기 시작했다. 나중에 알게 되었지만 이렇게 지적하는 분위기가 되면, 발표장 내 심사위원들도 동요가 되어 발표자의 사업 아이템에 대해 잘못된 오류만 찾느라 핵심을 보지 못하는 상황이 되기 쉽다. 당시에는 심사위원들이 지적만 잘해도 심사를 잘 본다고 평가되었기 때문에, 앞에 서 있는 사람의 인격은 생각하지 않고 인격모독 수준의 질문을 했던 것도 사실이었다. 요즘은 심사위원들이 발표자에게 인격모독적 질문이나 거친 말들을 하면 문제가 되기 때문에 그런 심사위원이 없다. 하지만 당시에는 발표심사 과정에서 이러한 문제점들이 종종 있었다. 지금도 그때를 생각하면 태어나서 그렇게까지 인격모독과 모멸감을 느꼈던 순간은 없었던 것 같다.

포기하고 싶었지만 한 번만 더… 새로운 아이템으로 승부하다

엄청난 실망과 좌절감으로 나의 감정은 말이 아니었다. 그동안 여러 어려운 과정에서도 개발했던 아이템을 더 이상 개발하고 싶지 않았다. 심한 모멸감과 좌절감으로 심신이 말이 아니었다. 하지만 다시 일어서야겠다고 생각했다.

새로운 사업 아이템을 발굴해냈고, 그에 맞는 사업계획서를 썼다. 친환경 아이디어 공모전에 지원했다. 당선은 꿈에도 생각하지 않았다. 갑자기 날아온 꿈만 같은 당선 이메일을 받고는 너무나 기뻤다. 더욱이 발표평가는 없고 1차 서류 평가만 있는 공모전이었다.

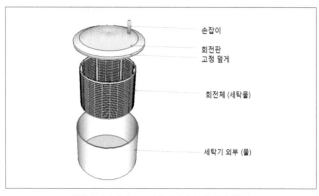

친환경 아이디어 공모전에 당선된 초기 사업계획서

모든 것을 포기하고 있었는데 갑자기 날아온 꿈같은 소식에 뭐라고 할 수 없을 만큼 기분이 좋았다. 그토록 바라는 정부지원금을 받을 수 있는 첫 번째 기회였기 때문이었다.

『연금술사』라는 책에서 '무언가를 간절히 원할 때 온 우주는 소망이 실현되도록 도와준다'라는 문장이 생각났다.

끝까지 포기하지 않고 최선을 다할 때, 반드시 하나님께서 준비한 보석(하나님 자신)을 발견할 수 있을 것이라는 마음으로 기도하면서 그 순간을 위해 최선을 다했는데, 이렇게 생각지도 않게 친환경 아이디어 공모전에서 아이템이 당선된 것이다. 이 일로 비슷한 기간에 발표평가에서 상심했던 당시의 아픈 마음도 그나마 조금은 위로가 되었다.

3

네 시작은 미약하였으나
네 나중은 심히 창대하리라

애타게 찾던 절실한 소원을 위해, 지금 이 순간! 나만의 길! 당신이
나를 버리고 저주하여도 내 마음속 깊이 간직한 꿈! 간절한 기도! 절실
한 기도! 신이여 허락하소서!

- 지킬 앤 하이드 OST 중

처음으로 돌아가다

이렇게 새로운 아이템이 시작되었다. 이제는 이 아이템에 모든 것을
쏟아야겠다고 결심했다. 11월쯤이면 정부지원사업은 대부분 예산이
소진되어, 사업 공고가 거의 없다.

2015년 당시 창업에 대한 열기가 매우 높았다. 지상파방송에서는 창

업에 대한 프로그램들이 마구 쏟아졌다. 2015년에 창업스쿨만 6개를 다녔는데, 그중 11월에 창조경제혁신센터에서 주관하는 창업스쿨이 있었다. 그런데 창업스쿨 입학이 2대 1의 경쟁률이었으니, 창업 열기가 정말 대단했다는 것을 알 수 있었다.

이 창업스쿨은 주말(토요일, 일요일) 이틀을 꼬박 수업을 들어야 하는 것이라, 집사람에게 허락을 받고 교육을 받아야 했다. 당시 아이가 어려 아이와 좀 더 놀아주길 바랐지만, 집사람의 반대에도 불구하고 이 교육을 마지막이라고 생각하고 꼭 받고 싶었다. 그래서 고집대로 창업스쿨에 입학했다. 아이템을 새롭게 시작하는 과정에서 다시 한번 사업계획을 통해 반드시 성공하고 싶었기 때문이었다.

매주 토요일과 일요일에 창업스쿨을 다니면서 사업계획서를 썼고, 여러 다른 사람들의 아이디어와 아이템을 공유하고 토론하면서 많은 것을 느끼게 되었다. 그런데 창업스쿨을 졸업할 때 아이템을 발표하는 예선에서 보란 듯이 떨어지고 말았다.

너무나 실망스러웠다. 하지만 심사위원들이 질문을 통해서 해결 방법에 대해 조언해준 것들이 많은 도움이 되었다. 지금 다시 생각해보면 그때 심사위원들이 조언을 해준 내용에 대해 받아들이고 스스로 개선을 했기 때문에 발전하지 않았나 싶다.

창조경제혁신센터 2곳에서 창업공모전이 열렸다. 주최하는 기관별로 특성이 있기에, 그 사업의 목적에 맞춰 사업계획서를 작성해야 했다. 당시에는 아직 사업계획서가 완전히 완성되지 않은 상태여서 다시 작성해야만 했다.

설상가상으로 독감까지 걸려 몸 상태가 좋지 않았다. 너무 아파 앉아 있는 것조차 힘이 들 정도였었다. 사업계획서를 제출해야 할 시간은 점점 촉박해져오고, 몸은 아프고, 이번 공모전에 지원을 해야 하나 말아야 하나 갈등이 심해졌다. 거의 포기를 해야겠다는 생각을 하던 그때 다시 한번 연금술사의 내용이 떠올랐다.

그래, 마지막 한 삽을 더 뜨자!

힘든 몸을 이끌고 다시 컴퓨터 앞에 앉았다. 그동안 사업계획서를 작성할 때 그렇게 집중을 잘했는데, 30분 이상을 앉아서 쓸 수가 없었다. 온몸은 불덩이가 되었고, 기침이 끝없이 나왔다.

그때 생각했다. '절대로 여기서 멈추면 안 된다. 사랑하는 아들에게 자랑스러운 아빠가 되어야 한다.'

힘겨운 몸을 이끌고 겨우겨우 사업계획서를 작성해서 두 곳의 창조경제혁신센터에 서류를 발송했다. 고진감래라고 했던가? 그렇게 어렵게 제출했던 사업계획서는 감사하게도 모두 1차 서류에 합격하게 되었다.

나중에 알게 되었지만, 공모전의 경쟁은 정말로 치열했다. 1개의 기관에 지원자가 500명 이상 몰렸고, 그중에서 2차 발표 심사자는 고작 20명씩만을 추려냈다. 실제로 상을 주는 팀은 총 7명인 것을 감안하면 상당히 치열한 경쟁이었다.

지금까지 알 수 없었던 초인적인 힘을 그때 깨닫게 되었다. 어려운 상황에 직면할 때, 극복할 수 있는 무언가 강한 정신력이 있다는 것 말이다. 지금 생각해보면 진정한 기업가 정신과 한 가정의 가장으로서 느꼈던 무한 책임감이었던 것 같다.

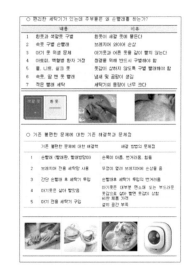

1차 서류 합격한 공감(Easy, Simple, Story) 사업계획서

발표까지는 한 달여의 시간이 있었기 때문에 발표 준비를 하기에 넉넉한 시간이었다. 하지만 1차 서류 합격이 되고 나서 곧바로 준비하기 시작했다. 발표를 위해 모든 것을 쏟아야겠다고 생각했다. 그동안 스스로 배우고 터득했던 모든 것을 총동원하여 발표평가에는 반드시 합격하리라 다짐을 했다. 인터넷에서 부품을 구매하였고, 구매한 부품으로 시작품을 만들었다. 없는 부품은 해외에서 직구를 통해 구입하면서, 준비는 순조롭게 잘 진행되어갔다.

발표평가를 대비해 예행연습을 하면서, 대학 시절에 배우가 되고 싶어 연극을 했던 기억이 떠올랐다. 그래서 연극 공연을 준비하듯 발표평가를 준비해야겠다고 생각했다. 대본을 읽는 것, 심사위원을 바라보는 것, 걸음걸이, 목소리의 크기, 명확한 전달을 위한 발음 연습, 발표 직후 취해야 할 행동, 어색한 침묵을 깨는 방법 등 모든 상황을 준비하고 또 준비했다.

당시에 발표평가를 위해 준비했던 것은 발표 자료 내용뿐만 아니라, 심사위원의 심리 상태까지 읽어내기 위해 노력하고 발표평가에 존재할 모든 상황에 대해 준비하는 것이었다.

발표자가 발표를 하고 나면 심사위원들이 무슨 질문을 해야 할까 고민이 된다는 이야기를 들은 적이 있었다. 그 많은 지원자 중에 과연 누구를 뽑아야 할지, 또 뽑힌 그들 중에 누구에게 1등을 주고 2등을 주어야 할지 고민이 된다고 한다. 이런 심사위원들의 생각까지 고려해서 발표에 임했고, 발표 내용에도 나를 1등으로 뽑아야 하는 이유를 발표 과정에서 보여주어야겠다고 다짐했다.

순위 안에 들어간다가 아니라 반드시 1등을 한다

최근 넷플릭스 드라마 '마이네임'을 봤다. 거기서 최무진이 지우에게 싸움을 가르치면서 했던 대사 중에 이런 대사가 있다.

"이긴다가 아니라, 죽인다! 죽일 기세로 덤벼야 한다!"

당시의 심정은 이 대사와 마찬가지로, 발표할 때 '나의 모든 것을 쏟아내고 죽으리라' 하는 자세로 심사에 임했다. '순위 안에 들어간다가 아니라, 반드시 1등을 한다'는 각오로 준비했다.

사실 발표평가는 그 아이템을 발표하는 대표자가 얼마나 고생을 해서 만들었고, 고생한 흔적을 얼마나 잘 표현해내는지를 보는 것이다. 발표평가는 설득하는 과정이기 때문에 심사위원들의 마음을 이해하는 것도 필요하다. 심사위원들은 하루 종일 발표자의 발표 내용을 듣고 평가해야 한다. 식사 후 오후 심사 때는 심사위원들의 머리는 많이 피로해진 상태가 된다. 이때 심사위원의 마음은 발표하고 있는 아이템들이 크게 다르지 않다고 느낄 수 있다. 중요한 것은 기억에 남을 수 있는 좋은 태도와 열정을 가지고 발표하는 것이 좋다. 사업상 무엇인가 부족해 보이지만, 발표자의 열정과 노력을 보고 점수를 잘 주는 분들도 상당수 있다.

발표자의 태도에 들어가야 하는 요소는 다음과 같이 정리할 수 있다. 첫째, 발표자료에 대한 대본을 쓰고 모든 슬라이드를 완전히 외울 수 있을 정도로 숙달하라. 둘째, 큰 목소리('솔' 음)로 말하라. 셋째, 자신감 있는 눈빛으로 심사위원들과 시선을 교환하라. 넷째, 질문에 대해 솔직하게 답변하라. 다섯째, 사업 아이템 미해결 문제에 대해서는 대표자가 충분히 고민하고 있고, 좋은 해결 방법을 찾고 있다는 것을 보여줘라.

제품 시연, 대표자의 포부, 심사의 끝부분에 대표자의 소감을 30초 정도 이야기하라고 하는 경우가 많다. 이때 대표자는 자신이 얼마나 고생해서 지금까지 왔는지, 그리고 이번 한번만 도와주면 반드시 좋은 결과를 이루어낼 수 있다는 것 등을 말하면 좋다. 사소한 부분인 것 같지만, 심사자 입장에서는 꼭 도와주고 싶어 하는 마음을 갖게 할 수 있는 대표자의 간절한 멘트이기 때문이다.

특이점 이후 사업계획서 작성에 대해 자신감이 생기다

이와 같이 특이점이라 할 수 있는 심한 경쟁을 다루는 공모전을 통해 사업계획서 1차 서류에 합격하고 발표평가를 받으면서, 우수상과 최우수상 수상이라는 쾌거를 달성하게 되었고, 나에게는 굉장히 뿌듯한 무엇인가가 만들어졌다. 마지막에 하나님께서 자신 스스로가 금으로 변하여 그 금을 캐게 하셨다는 확신이 들었다. 지금은 고인이 되신 아버지가 하신 말씀이 생각난다. "내 자랑스런 아들 최고다." 이 말을 듣고 눈물이 났다.

2개의 공모전에서 최종 합격 알림 캡처

공감할 수 있는 사업계획서를 완성했다는 판단이 들면서 이제 자신감이 생겼다. 사업계획서를 업그레이드시키고 사업을 제대로 성공시켜야겠다는 생각을 했다. 이제는 1차 서류 합격이 목적이 아닌, 사업을 반드시 성공시키겠다는 각오로 사업자금 확보를 위한 정부사업에 지원을 하기 시작했다.

중소기업유통센터에서 시장조사를 해주는 단계별 지원사업에 합격을 해서, 1단계에서는 온·오프라인 소비자 설문조사를 받았고, 2단계에서는 마케팅 전략에 관한 리포트를 받았으며, 3단계에서는 시제품 제작 지원을 받을 수 있었다.

각 기관에서 작성해주었던 사업에 대한 시장조사 자료와 마케팅 전략 자료, 시제품과 모델링 등을 사업계획서에 적용하면서 이전에 작성했던 것보다 훨씬 완성도 높은 모습으로 바뀌어갔다.

공감 사업계획서 작성 방법을 알게 되어, 사업을 주관하는 기관에 지원하면서 더 이상 1차 서류 통과에 대한 의심이 없어졌다. 만약 1차 서류 통과가 되지 않았을 경우라도 지금 사업을 주관하는 기관의 조건과 매칭이 되지 않아서라고 판단을 하게 되었고, 1차 서류 통과 후 발표평가를 할 경우에는 대부분 높은 점수로 합격을 할 수 있게 되었다. 사업계획서 심사가 까다로운 중소기업기술개발지원사업에서도 73점이 넘는 높은 점수를 받을 수 있을 정도로 사업계획서는 완성도가 매우 높았다.

사업계획서를 지원하는 기관의 사업에 맞게 재구성하여 작성을 하지만, 그동안 축적해온 많은 데이터로 인해 편집만 해도 될 만큼 작성이 쉬워졌고, 작성 시간도 오래 걸리지 않았다.

창업, 대표자의 눈물과 아픔을 먹고 자라는 꽃

'고통이 남기고 간 뒤를 보라! 고난이 지나면 반드시 기쁨이 스며든다'라는 괴테의 말처럼 창업의 과정은 대표자의 눈물과 아픔을 먹고 자라는 꽃이라고 말하고 싶다. 사업을 하면서 수많은 문제와 어려움을 만날 수 있다. 그때마다 포기할 것인가? 아니면 해결 방법을 찾을 것인가?

자신이 하는 사업에 대해 미리 계획해보고, 문제점을 파악해서 해결 방법을 찾을 수 있는 좋은 방법이 사업계획서라고 생각한다.

따라서 자신이 원하는 사업에 실패하지 않기 위해서는 사업계획서를 잘 작성하여 사업의 시뮬레이션을 미리 돌려보고, 많은 사람이 공감할 수 있도록 자신만의 공감 사업계획서를 써야 한다.

창업! 누구나 성공한다는 보장이 있다면 매우 좋을 것이다. 그러나 현실은 절대 그렇지 않다. 중소벤처기업부가 발표한 '창업기업 동향'에 의하면 우리나라의 창업 성공 확률이 5% 미만에 불과하고, 창업 이후 생존율이 극히 낮음을 알 수 있다. 창업 초기 어떻게 운 좋게 살아남았다 하더라도, 데쓰밸리(3~7년 된 창업기업)를 넘지 못하고 쓰러지는 경우가 허다하다.

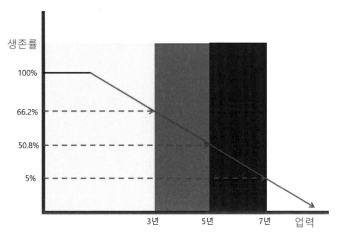

생존률

100%

66.2%

50.8%

5%

3년　　　　5년　　　　7년　　　　업력

출처: 중소벤처기업부 창업도약 패키지 지원사업 'Death Valley를 뛰어넘다'

　따라서 최소한 창업에 실패하지 않기 위해서는 철저한 준비가 필요
하다.

　**사업계획서를 통하여 사업에 관한 전 과정을 미리 시뮬레이션해보
라.** 문제가 발견되면 수정하고, 필요한 부분들은 보충해나가고, 정부
지원사업을 통해 자금을 지원받는다면 적어도 실패의 확률을 줄일 수
있다고 확신한다. 이 글을 읽는 모든 창업자들이 사업계획서를 통해
반드시 성공 창업의 길로 갈 수 있기를 간절히 바란다.

두 번의 전직으로 인생을 창업하다

이나경

취 · 창업지원 전문가

이나경 / 취·창업지원 전문가

◇ **학력**

  호서대 글로벌창업대학원 창업경영학과 석사과정

◇ **경력 및 이력**

  유치원 정교사, 보육교사, 직업상담사, 창업보육전문매니저

  前 양주시 여성새로일하기센터 직업상담사

  前 양주시 꿈마루 창업보육전문매니저

  前 경기북부 꿈마루 책임매니저

◇ **이메일**

  haea0614@naver.com

집필동기

일(job)은 나를 실현하는 통로이며 삶의 원동력이다. 인생의 절반이 넘는 시간을 여성의 삶을 지원하는 업무를 수행했다. 유아교육 현장에서 교사로, 직업상담사로, 창업보육전문매니저로 살아온 시간은 가슴 벅찬 삶이었다. 자녀 양육을 위해 경력단절을 선택한 학부모의 고충을 바로 옆에서 지켜보았다. 예상치 않은 오랜 기간의 경력단절로 재취업에 어려움을 겪고 있는 많은 여성을 고용 현장에서 마주하였다. 그리고 창업에 성공하기 위해 고군분투하는 여성들과 함께 호흡하며 벅차게 달려왔다.

예기치 않은 사고로 두 번의 전직을 겪으며 새로운 길을 찾아 치열하게 지나왔던 나의 시간들이 경력단절 여성과 전직을 고민하는 이들에게 희망의 메시지가 되길 소망한다.

두 번의
전직

멘탈의 연금술사들은 시련을 견디고, 기회가 올 때까지 버티며, 실패에서 배우고, 끝까지 해내며, 마침내 누구도 넘볼 수 없는 성취를 손에 넣는다.

- 보도 섀퍼(Bodo Schafer)

새로운 길, '직업상담사'

길이 끝나는 그곳에서 새로운 길을 만나다

그날 아침도 여느 날과 같이 분주하게 출근 준비를 하고 초등학생 딸아이를 학교에 바래다주었다. 돌이켜보면, 그해 겨울은 유독 몸도 마음도 체감온도보다 더 추운 계절이었다.

라디오 음악에 기대어 일터로 발걸음을 향하던 그때였다. 횡단보도 앞에서 보행신호를 기다리고 있던 찰나, 트럭 한 대가 속도를 내어 나를 향해 돌진했다. 이날의 사고로 훗날 경력단절과 함께 이십어 년 종사했던 경력을 뒤로하고 직업상담사로 전직하게 될 줄은 꿈에도 몰랐다. 당시 어린이집에서 교사로 재직 중이었는데 수료와 졸업을 앞둔, 일 년 중 가장 분주한 시기였다. 누가 강요한 것도 아닌데 치료를 제대로 받지 않고 서둘러 일터로 복귀했다. 담임교사의 책임과 직무를 마치고 마음이 편해지니 그제야 통증을 깊숙이 느끼게 되었다. 목이 뻣뻣해져서 밤잠을 설치기 일쑤였고 오래전에 골절로 수술했던 왼쪽 발목까지 절뚝거리는 최악의 상태였다. 여러 곳의 병원에서 치료를 받았지만, 사고로 인한 후유증은 오랜 시간 몸과 마음을 짓누르며 점점 늪으로 빠져들게 했다. 급기야 어린이집 교사의 직무를 감당하기 어려워 교사의 자리를 내려놓게 되었다. 갑작스레 당한 사고 덕분에 쉬어지지 않는 숨을 몰아쉬며 경주마처럼 달리던 삶을 잠시 멈추게 되었다.

몸과 마음을 추스르고 다시 일하고 싶다는 간절한 마음으로 구직활동을 하기 시작했다. '지금, 이 나이에 새로운 일을 할 수 있을까? 어떤 일이 적성에 맞을까? 나는 무슨 일을 하고 싶은 거지? 오랜 기간 한 가지 일만 했는데…'

새로운 직업에 대한 막막함과 두려움은 쓰나미처럼 밀려들었다. 직업에 대한 아무런 정보 없이 다른 분야에 도전하기 위해 무작정 고용센터를 방문했다.

창구에서 일자리 상담을 진행하던 중 상담 업무에 호기심이 생겨 상담사의 직업에 대해 문의했다. 상담사는 친절하게 '직업상담사'라는 직종에 대한 정보와 자격증을 취득하면 관련 업무를 할 수 있다고 안내해주었다. 학부모 상담을 오랫동안 진행했던 경험과 상담 업무에 대한 막연한 자신감 하나로 그렇게 험난하고 무모한 도전을 시작했다.

멀고도 험난한 전직

직업훈련 포털 HRD-Net 홈페이지에서 직업상담사 훈련 과정을 신청한 후 학원에서 수업을 마치면 곧장 도서관으로 달려가 그날 배운 것은 미루지 않고 복습했다. 직업상담사 자격시험에 대한 자세한 정보 없이 선택한 도전은 생각보다 만만치 않았다. 관련 분야의 용어가 생소하여 읽기조차 어려웠고 동영상 강의를 반복해서 들어도 이해가 쉽지 않았다. 이런 상황이라면, 1차 시험도 통과하기 어려워 대책 마련이 시급했다. 시험에 출제될 만한 문제와 중요한 내용은 핸드폰에 음성으로 녹음하여 운전 중에도, 집안일을 할 때도 계속 반복해서 들었다. 대부분의 시간을 자격증 준비에 할애하며 독서실에서 새벽까지 공부했다.

그 결과, 1차 시험은 무난하게 통과할 수 있었다. 2차 서술형 시험은 손가락에 테이프를 감고 시험에서 사용할 볼펜으로 반복해서 종이에 쓰고, 소리 내어 읽으며 거의 외울 정도로 준비했다. 탐구형의 성격상 객관식 문제도 이해가 되지 않으면 쉽게 암기가 되지 않았다. 다른 분들은 쉽게 이해하는 부분도 여러 번 반복해서 보아야 겨우 암기가 되었다. 어느 날은 시험 준비에 너무 몰입한 나머지 정신이 혼미해져 링거 투혼까지 감내해야 했다. 당시에는 자격시험에 합격하지 못하면 정말로 내가 할 수 있는 일이 아무것도 없을 것 같았다. 왜 그리 나에게 혹독했던 걸까? 자격시험 합격이 내 인생의 전부인 양 모질게 나를 몰아세웠다. 사고 후유증으로 몸이 온전치 않으니 자신을 살피고 보듬어줄 수도 있었는데 말이다.

이렇게 몰입한 결과, 단 3개월 만에 자격증 취득에 성공하였다. 그렇게 합격의 기쁨을 잠시 누리고 실력 있는 직업상담사가 되기 위해 컴퓨터활용능력과 ITQ 자격시험을 준비하며 전직을 향해 끊임없이 달려갔다.

간절함이 길을 만든다

고대하던 자격증이 발급되고 지자체의 '여성새로일하기센터'에서 직업상담사 한 명을 채용하는 구인 건에 응시했다. 수많은 경력자를 제치고 합격을 바란다면 그건 무리한 욕심이니 마음을 비우고 '면접도 큰 경험이다'라는 생각으로 도전했다.

뜻밖에도 1차 서류전형에 합격하여 면접의 기회를 얻었다. 세 분의 면접관 앞에서 진행했던 면접은 지금 생각해도 어질어질하다. 사전에 예상 질문을 준비하여 암기한 덕분에 대부분의 질문은 무사히 지나 갔다. 그런데 예상치 않은 질문에 머릿속이 하얗게 되면서 당황하기 시작했다. 질문은 이런 내용이었다. "직업상담사들 사이에서 실적 관련해서 비일비재하게 시비가 생기는데 이런 경우 선생님은 어떻게 대처하시겠습니까?" 심장이 쿵쾅대며 이해할 수 없는 의구심에 휩싸였다. '네? 직업상담사가 실적으로 다툰다고요? 직업상담사가 왜요?' 실무 경력이 없으니 섣불리 아는 척을 하기보다 솔직하게 대답하는 것이 좋겠다는 생각이 들었다. 고민 끝에 "순리대로 처리하겠습니다"라고, 삶의 경험에서 우러나온 답변으로 위기 상황을 모면했다.

기대하지 않았던 최종 합격으로, 직업상담사로 전직에 성공하여 당당히 새로운 출발을 하게 되었다. 시간이 흐른 뒤 면접관이었던 팀장에게 "경력자들이 많았는데 아무것도 모르는 신입인 저를 채용하신 이유가 있으세요?"라고 물었다. 팀장은 면접에 진솔하게 임하는 태도와 순리대로 처리하겠다는 답변이 마음에 와닿았다고 한다.

간절함으로 견뎌낸 시간이 새로운 길을 만들어주었다.

직업상담사로 거듭나기

초롱초롱한 아이들과 신나게 뛰어놀던 삶에서 무미건조한 사무실로 공간을 옮겨 새롭게 시작한 직업상담사 업무는 하루하루가 살얼음

판을 걷는 것처럼 아슬아슬했다. 자격 취득을 위해 준비했던 대부분의 이론은 실무와 무관한 내용이었다. 당장 구직자에게 어떤 내용으로 채용 정보를 전달해야 할지 막막했고, 사무실의 전화벨이 울리기만 해도 가슴이 두근거렸다. 햇병아리 걸음마하듯 하나부터 열까지 업무를 새롭게 배워야 했다. 총체적인 난국에서 도망치고 싶었다. 심지어 '나 다시 돌아갈래~'를 외치며 교사로 돌아가고 싶은 마음이 굴뚝같았다. 그러나 쉽게 발길을 돌릴 수 없었다. 엄마가 어려운 시험에 합격해서 다시 일하게 되었다고 좋아하던 아이들 얼굴이 떠올랐다. 그야말로 진퇴양난이었다.

피할 길이 없으면 즐기라고 했다. 태어날 때부터 직업상담사였던 것처럼 두 주먹 불끈 쥐고 눈코 뜰 새 없이 삼 개월가량을 버텼다. 진심은 통한다고 했던가? 구직자를 대할 때는 간절하게 일자리를 찾던 그 시절의 내 모습이 떠올라 성심껏 정보를 제공하고 사후관리를 했다. 덕분에 나를 찾는 구직자와 구인 업체가 많아지고 취업 실적도 두드러지게 성과를 나타내어 인정을 받기 시작했다. 애타게 일자리를 찾던 구직자가 취업에 성공하고 직원을 구하던 업체의 채용이 완료되는 과정이 큰 보람이고 기쁨이었다.

이듬해에 직업훈련 '샵마스터 양성과정'을 담당하여 교육생 열여덟명 전원을 수료시켰다. 해당 훈련 직종은 워크넷 사이트에 취업 정보가 많지 않아 민간 취업포털 사이트에서 정보를 찾거나 업체에 직접 방문해서 고용을 창출했다.

열여덟 명의 교육생 중에 중국에서 의류 사업을 하다가 한국으로 돌아와 일자리를 찾는 오십 대 중반의 교육생이 있었다. 160시간의 직업훈련을 수료하고 샵마스터 자격증을 취득했지만, 고령으로 면접의 기회가 많지 않았다. 마침 여성의류 매장의 구인 정보를 확인하고 채용 담당자에게 연락을 했으나 구직자가 나이가 많다는 이유로 면접을 거절했다. 간곡하게 면접만이라도 볼 수 있도록 부탁하고 교육생이 보유한 능력과 경력을 자세히 알렸다. 또한, 직업훈련 수료생을 채용하였을 경우 국가에서 지원하는 고용지원 정책에 대해 설명했다. 결국 그녀는 나이를 극복하고 도전하여 당당히 샵마스터로 재취업에 성공하였다.

용감하게 도전한 첫 번째 전직에 성공하여 여성새로일하기센터에서 1,100건 이상의 구인구직 상담을 진행하고 360건의 눈부신 취업 실적을 거두었다. 그야말로 직업상담사로 거듭나기 위한 눈물과 땀의 결과였다.

여성새로일하기센터 홈페이지(www.saeil.mogef.go.kr)

또 다른 길, '창업보육전문매니저'

여성새로일하기센터 이십삼 개월 기간만료 퇴사

신입 직업상담사로 입사하여 정신없이 이십삼 개월을 지나 무사히 기간만료 퇴사를 하게 되었다. 막상 퇴사하고 나니 두 살 더 많아진 나이와 기간제라는 근로 여건의 현실 앞에서 무기력해지고 자존감도 많이 낮아졌다.

안정된 일자리로 지원하기 위해 퇴사 후 여러 교육 과정에 참여하여 직무 역량을 높이고 업무를 정비했다. 현실을 탓하거나 안주하지 않고 유능한 직업상담사로 성장하기 위해 노력했던 시간이 또 다른 길을 열어가는 발판이 되었다.

기간을 만료하고 퇴사한 '여성새로일하기센터'에서 경기도 여성창업 플랫폼 꿈마루 업무를 담당할 창업보육전문매니저를 채용하는 구인 정보를 안내받았다. 창업의 '창(創)'자도 모르는 직업상담사가 창업보육전문매니저라니, 엄두가 나질 않았다. 아니, 그보다 사업에 대한 불신으로 인해 지원하기가 선뜻 내키지 않았다.

월드컵으로 온 나라가 흥분의 도가니였던 그해, 아버지가 갑자기 뇌출혈로 쓰러지셨다. 아버지는 여러 분야에서 사업을 하시다가 마지막에는 건설업을 운영하셨다. 그러나 사업이 실패하면서 부도를 막지 못하고, 함께 동업하셨던 친구분은 길에서 심장마비로, 건강하시던 아버지는 뇌출혈로 서둘러 유명(幽明)을 달리하셨다. 부모님의 삶을 통해 사업을 하면 패가망신(敗家亡身)하는 것으로 알고 있었다.

여러 날을 고심한 끝에 '사업을 하는 분들이 성공할 수 있도록 길잡이가 되어드리자'라는 각오로 지원하여, 꿈마루 담당 매니저로 두 번째 전직에 성공하였다. 고용 창출이라는 공통된 사업이 있었으나 직업상담사 업무와는 다른 분야였다. 그렇게 의도하지 않게 한쪽 문이 닫히고 새로운 길이 열렸다.

두 번째 전직, 창업보육전문매니저로 홀로서기

꿈마루 업무는 혼자서 오롯이 감당해야 하는 업무였다. 직업상담사 경력이 인정되어 꿈마루 매니저로 지원이 가능했지만, 창업에 대한 지식과 정보가 없어 너무나 막막했다.

어떻게든 꿈마루 업무를 수행해내야 했기에 창업 관련 대학에 편입하기로 했다. 워킹맘으로 일과 가정을 병행하며 학업까지 감당할 수 있는 대학을 찾던 중 '한국열린사이버대학'을 우연히 알게 되었다. 그때까지만 해도 온라인으로 대학을 다닐 수 있다는 것을 알지 못했다. 창업경영컨설팅학과(현재 디지털비즈니스학과로 명칭 변경)를 선택하여 가장 시급했던 관련 자격증을 취득하기 위해 평일에는 학과 수업에 집중하며 주말에는 독서실에서 자격시험을 대비하였다.

'언제까지 공부해야 하나? 직업상담사 자격증이 마지막이라고 생각했는데…'

도무지 이해하기 어려운 전문용어와 계산 문제로 인해 또다시 난관에 부딪히게 되었다. 일과 가정을 병행하며 공부하는 것이 너무 버거워 포기하고 싶었지만, 자존심이 허락하지 않았다. 전 세계 어디에도 없는 'K-장녀'의 힘을 발휘하여 눈에 불꽃을 내뿜으며 문제를 반복해서 보았다. 이해가 안 되는 부분의 내용은 이해가 될 때까지 강의를 반복해서 들었다. 대학에서 특강으로 개설한 '창업보육전문매니저' 자격 취득 과정을 신청하여 주말을 이용해 학우들과 함께 시험을 준비했다. 누구보다 갈급한 우리는 서로가 든든한 조력자가 되었고 덕분에 한 번에 자격증 취득에 성공할 수 있었다. 직업상담과 창업지원 분야의 자격을 갖추고 당당히 꿈마루 매니저로 한 걸음 더 나아가게 되었다.

꿈마루가 당신의 창업을 응원합니다!

경기도 여성창업플랫폼 꿈마루는 개방형 사무공간으로 창업에 필요한 체계적인 교육과 분야별 전문가 컨설팅을 진행하며 맞춤형 창업지원사업을 운영하는 곳이다. 현재, 경기남부(용인) 꿈마루를 비롯하여 경기북부(의정부), 고양시, 양주시, 화성시에서 운영되고 있다. 경기도 여성 누구나 꿈마루 홈페이지에 회원가입 후 예약을 통해 공간을 이용할 수 있으며, 창업상담, 창업교육 등 다양한 행사에 참여할 수 있다.

경기도여성창업플랫폼 꿈마루 홈페이지(www.dreammaru.or.kr)

그동안 꿈마루 사업에 관심을 두고 참여한 분들은 대부분 사십 대와 오십 대 여성이었다. 물론 이십 대부터 칠십 대까지 다양한 연령대의 여성들이 성공 창업을 위해 꿈마루를 이용하고 있다. 다행히 사십대 후반의 삶을 살아가는 동년배의 나이가 업무를 수행하는 데 많은 도움이 되었다. 그들이 지나온 삶을 모두 헤아릴 수는 없었지만, 창업상담 중에 서로가 격하게 공감하여 눈물을 닦기도 했다. 역지사지(易地思之)의 마음으로 운영하던 진심이 통했던 걸까? 교육에 참여한 회원 중 많은 분이 그동안 여러 기관의 교육에 참여했는데 이렇게 유익한 내용과 편안한 환경은 처음이라고 감사의 마음을 전하였다.

창업특화교육에 참여했던 한 육십 대 대표는 컴퓨터 사용을 어려워했다. 컴퓨터 사용 방법부터 꿈마루 사업화 지원사업 관련해서 수차례 반복해서 문의해도 한결같이 친절한 매니저들을 보면서 자신을 돌아보고 '사업을 할 때 나도 저렇게 해야겠구나!'라고 다짐했다고 한다.

경기북부 꿈마루 사업종료 전날, ㈜두리가온 업체의 이정옥 대표가 방문했다. 삼 년 전 이 대표는 꽃이 좋아 꽃 그림을 주방 식기류에 그리며 패턴 디자이너로 일하고 있었다. 좋아하는 취미로 직업을 갖게 되었고, 그 일을 통해 사업으로 확장하겠다는 계획을 갖고 열심히 교육과 행사에 참여했다. 이 대표의 열정을 응원하기 위해 '선배와의 창업 토크' 행사의 멘토로 초청하여 창업 과정을 공유하는 자리를 마련하였다. 그날이 계기가 되어 사업이 눈부시게 성장하였고 어려운 순간에도 지탱할 수 있는 힘이 되었다고 한다. 이정옥 대표는 자개를 소재로 한 디자인을 시도하여 특수인쇄를 활용한 자개표현기술 부문 특허 출원을 하고 그 기술을 적용한 작품으로 '2021 대한민국 공예대전'에서 당당히 입선했다. 또한 한국적인 가치를 담아 제품에 적용하여 국내시장과 해외 진출을 위해 불철주야(不撤晝夜) 노력하고 있다. 우연한 기회로 창업보육전문매니저의 길을 걸으며 수많은 여성들의 꿈이 실현되는 순간을 함께하였다. 이 얼마나 가슴 뛰는 삶인가! 이런 삶을 살고 있음에 감사하다.

경기북부 꿈마루의 책임매니저 업무를 수행하며 매니저로서뿐만 아니라 삶도 한 단계 더 성장하고 발전하는 계기가 되었다. 그 바탕에는 무한 신뢰와 지지를 보내준 수많은 꿈마루 회원과, 함께 울며 웃으며 달려온 동료들이 있었다. 결국 진실한 마음이 부메랑이 되어 나 자신을 더욱 견고하게 세워주었다.

인생을 창업하다

2021년 경기북부 꿈마루 사업의 위탁 기간이 종료되었다. 경력단절은 이제 더는 불안의 요인이 아니다. 오히려 이 시간을 통해 나는 더욱 성장하고 발전할 것임을 알고 있다.

유아교육 현장에서 교사로, 고용 현장에서 직업상담사로, 치열한 창업의 현장에서 창업보육전문매니저로 지나온 삶은 나를 단단하고 온전한 그릇으로 만들어주었다. 세상에 갓 태어난 영아부터 연륜 있는 칠십 대 어르신까지 다양한 사람들을 일터에서 마주하였다. 덕분에 몸을 낮추어 작은 음성에도 귀 기울일 수 있게 되었고, 누군가를 자세히 볼 수 있는 눈과 마음을 갖게 되었다. 타인을 살피고 도움이 필요한 이들을 지원하는 역할은 이제 일(job)이 아닌 사명이 되었다.

삶을 통해 사명을 발견하고 그 사명에 이끌려 호서대 글로벌창업대학원 창업경영학과에 진학을 결심했다. 학업을 통해 취·창업지원 경력을 통합하여 전직지원서비스 분야로 업무 영역을 확장할 계획이다. 새로운 직장으로 일자리를 옮기려는 이들의 인생 경로를 점검하여 더욱 풍성한 삶이 되도록 돕는 역할을 하고 싶다. 또한, 은퇴 후 새로운 길을 모색하는 중장년층을 위해 취업과 창업 관련 맞춤형 컨설팅을 제공하여 그들의 인생을 재설계하는 전문가로 거듭나고자 한다.

치열하게 달려온 시간을 지나 어느새 인생 2막을 맞이하였다.

이제는 나도 누군가의 꿈이 되는 삶을 살고 싶다.

2

경력단절 여성의
성공 취업 로드맵

인생은 좌우 양쪽에 정렬시킨 마차 등불들 같은 것이 아니다. 인생은 의식의 시작부터 끝까지 한꺼번에 우리를 둘러싼 반투명 봉투 같은 눈부신 빛무리다.

- 버지니아 울프(Virginia Woolf)

나를 바로 알면 내일(job)이 보인다

새롭게 일을 시작하려고 할 때 어떤 일을 선택해야 할지 막막한 경우가 많다. 이런 경우 자신의 적성과 흥미를 알아볼 수 있도록 무료로 제공하는 직업 관련 심리검사를 활용할 것을 추천한다.

워크넷

◇ 직업심리검사

- 개인의 능력과 흥미, 성격 등 다양한 심리적 특성을 객관적으로 측정하여 자신에 대한 이해를 돕고 개인의 특성에 보다 적합한 진로분야를 선택할 수 있도록 지원
- 청소년과 성인을 대상으로 총 20여 종의 심리검사를 제공
- 직업심리검사는 워크넷 회원가입 후 즉시 가능하며, 검사결과는 검사 완료 후 '검사결과보기'를 통해 확인 가능(지필검사는 가까운 고용센터에 방문하여 이용)
- 검사결과에 대한 문의와 상담은 워크넷 '검사결과 상담' 메뉴 이용 또는 가까운 고용센터를 통해 상담 가능(국번 없이 1350 / 유료)

심리검사명	검사시간	실시가능	검사안내	결과예시	검사실시
직업선호도검사 S형	25분	인터넷, 지필	안내	예시보기	검사실시
직업선호도검사 L형	60분	인터넷, 지필	안내	예시보기	검사실시
구직준비도검사	20분	인터넷, 지필	안내	예시보기	검사실시
창업적성검사	20분	인터넷, 지필	안내	예시보기	검사실시
직업가치관검사	20분	인터넷, 지필	안내	예시보기	검사실시
영업직무 기본역량검사	50분	인터넷, 지필	안내	예시보기	검사실시
IT직무 기본역량검사	95분	인터넷, 지필	안내	예시보기	검사실시
준고령자 직업선호도검사	20분	인터넷	안내	예시보기	검사실시
대학생 진로준비도검사	20분	인터넷, 지필	안내	예시보기	검사실시
이주민 취업준비도 검사	60분	인터넷	안내	예시보기	검사실시
중장년 직업역량검사	25분	인터넷	안내	예시보기	검사실시
성인용 직업적성검사	80분	인터넷, 지필	안내	예시보기	검사실시

출처: 워크넷(https://www.work.go.kr)

◇ 진로준비진단검사(찾아Dream)

- 진로결정 여부에 따라 진로준비상태를 진단하고, 진단결과를 바탕
으로 도움이 되는 직업심리검사, 워크넷 콘텐츠 및 온라인 교육 서
비스 추천

영역	세부 영역
자기이해	적성이해, 흥미이해, 성격이해, 직업가치관이해, 진로준비도, 구직준비도
직업(학과) 정보탐색	직업 정보, 미래 유망직업 정보, 직무 정보
취업준비	기업 정보, 취업 트렌드, 구직서류준비 방법, 면접준비 방법

나를 이해하는 시간, 찾아Dream

대상 구분	진로 결정 여부	문항 내용	예	아니오
		1 내가 무엇을 잘하는지 모르겠다.		
		2 내가 좋아하는 일이 무엇인지 모르겠다.		
		3 내 성격에 대해 자세히 모르겠다.		
		4 어떤 기준으로 직업을 선택하면 좋을지 모르겠다.		
		5 취업 준비에 어려움이 있다.		
성인	미결정	6 미래 유망한 직업이나 신생직업에 대한 정보가 부족하다.		
		7 내가 관심을 가지는 직업의 특성(예: 일의 내용, 임금, 작업 환경 등)에 대한 정보가 부족하다.		
		8 여러 직업 분야에서 사람들이 실제로 어떤 일들을 하고 있는지에 대해서 잘 알지 못한다.		
		9 다양한 직업과 관련하여 어떤 기업들이 있는 지 잘 모르겠다.		

결과 보러 가기 ❯

출처: 워크넷(https://www.work.go.kr)

꿈날개

- 취업가능성진단, 취업준비도진단, 직업선호도검사, 직업역량진단
및 이전직준비도진단을 통해 현재 자신의 취업준비 현황을 확인하
고 가이드 및 추가 정보를 활용하여 성공적인 취업준비 서비스 제
공

출처: 꿈날개(www.dream.go.kr)

자신감 향상으로 재취업에 성공하자

일과 삶에 대한 긍정적 의지 및 자신감을 높이고 취업 능력을 향상

시키는 프로그램이다.

워크넷

◇ 경력단절 여성 취업지원 프로그램

I. 기본과정				
나의 삶과 일	**변화하는 세상**	**나의 특성 재발견**	**성공, 경단여성**	**새출발, 나의 직업**
- 나의 취업 동기 - 나의 삶과 일	- 여성 고용환경의 변화 - 직업세계 변화와 재취업 직종	- 나의 성향 탐색 - 나의 직업수행 역량	- 경단여성의 재취업 성공요인 - 경단여성의 재취업 준비도	- 새로운 인생, 나의 직업 - 함께 가는 새로운 출발

II. 심화과정		
1일차	**2일차**	**3일차**
- 취업 희망분야 살펴보기 - 나의 강점 알기	- 재취업 걸림돌: 역량 부족 - 재취업 걸림돌: 가족 역할	- 재취업 걸림돌: 일자리 정보 - 마무리 및 실행

◇ 고용노동부에서 실시하는 주요 직업상담 프로그램
- 대상·연령별 다양한 프로그램 운영, 본인에게 적합한 프로그램을 선정하여 워크넷 홈페이지에서 신청 가능
- 성취, 취업희망, 성장, 경력단절 여성, Wici, 행복내일, CAP+, CAP@, allA, 청년취업역량, Hi 프로그램

여성새로일하기센터

◇ 집단상담

- 경력단절 여성 등의 근로 의욕 고취와 구직 능력 향상을 도모, 상
담 과정 수료 후 취업지원 프로그램 연계 지원
- MBTI 성격유형 검사 및 직업선호도검사 진행, 취업 시 걸림돌에
대해 사전 해결 방안과 진로에 대한 구체적인 정보 등을 제공

집단상담 프로그램 종류			
대상	**집단상담 프로그램**		
경력단절 여성 등	새일스타트	기본과정	20시간(4시간×5일)
	새일플러스	심화과정	12시간(4시간×3일)
결혼이민여성	WiCi (Women Immigrant's Career Identity)	필수과정	12시간(3시간×4일)
		선택과정	4개과정 각 3시간 ① 구직기술 ② 면접기술 ③ 직장생활 ④ 경력설계
※ 각 센터로 문의하여 참여 신청(여성새로일하기센터 홈페이지 '운영센터' 확인)			

직업훈련으로 취업역량을 높이자

　구인 수요가 많은 취업 직종에 대해 다양한 분야의 직업교육을 실시하고 있다. 자신의 흥미와 적성에 맞는 교육 과정에 참여하여 전문성을 확보하고 취업역량을 높이자.

여성새로일하기센터

- 직무태도 및 직업 적응 능력 제고를 위한 직무소양교육, 이력서 작성법, 모의면접 등 구직 스킬 향상을 위한 취업준비교육, 직무 수행을 위한 직업전문교육으로 구성된 경력단절 여성 맞춤형 국비직업훈련 제공
- 여성새로일하기센터 홈페이지에서 교육 신청 가능
- 지역별, 과정별 교육 과정이 상이하므로 홈페이지 공지 내용 확인 및 센터로 문의 후 신청

여성인력개발센터

- 전국 53개 센터에서 운영 중에 있으며 경력단절 여성의 특성을 고려한 맞춤형 교육 진행

- 기초 직업훈련 및 심화과정 등 전문직업훈련 지원
- 직업상담과 취업알선, 취·창업지원 등 다양한 분야 지원

직업훈련 종류	
종류	훈련분야
고용노동부지원	내일배움카드제(실업자, 재직자), 취업성공패키지, 지역맞춤형일자리창출지원사업
여성가족부지원	새일센터사업 중 경력단절 여성 특화사업
지자체지원	각 센터가 위치하고 있는 지자체 지원사업(예: 서울시맞춤사업 등)
기타	타 단체 연계사업, 재단공모사업 등
유료(일반)과정	수강료 본인 부담의 지역주민을 위한 직업훈련교육

직업훈련포털(HRD-Net)

구직자(실업자)·재직근로자·기업 등 교육·훈련을 희망하는 수요자들의 능력개발 향상과 직무 역량 강화를 위해 차별화된 맞춤형 중심의 다양한 직업능력개발 정보 및 무료 콘텐츠를 제공한다.

◇ 국민내일배움카드
- 급격한 기술발전에 적응하고 노동시장 변화에 대응하는 사회안전망 차원에서 생애에 걸친 역량개발 향상 등을 위해 국민 스스로

직업능력개발훈련을 실시할 수 있도록 훈련비 등을 지원

◇ K-디지털 크레딧
- 청년, 중장년 등이 디지털 역량 부족으로 노동시장 진입 및 적응에 어려움을 겪지 않도록 디지털 분야 기초역량 개발을 지원하는 정부지원 훈련
- 디지털 기초역량 훈련 과정은 언제 어디서나 수강할 수 있는 100% 인터넷 원격 훈련으로 진행

◇ K-디지털 트레이닝
- 국민들의 디지털 적응력을 향상시키기 위한 신기술 분야 직업훈련의 필요성이 대두됨에 따라 '한국판 뉴딜' 일환으로 혁신적인 기술·훈련방법을 가진 기업-대학-민간 혁신기관을 통해 인공지능(AI), 빅데이터, 클라우드 등 디지털 신기술 분야에서 중심적인 역할을 할 '미래형 핵심 실무인재 양성'을 목표로 추진 중

◇ 국민내일배움카드 신청
- 직업훈련포털(HRD-Net) 홈페이지에서 온라인 신청 가능

맞춤형 취업지원서비스 '국민취업지원제도'

취업을 원하는 사람에게 취업지원서비스를 종합적으로 제공하고, 저소득 구직자에게는 생계를 위한 최소한의 소득을 지원하는 제도이다.

국민취업지원제도 참여 자격요건을 갖춘 사람에게 고용복지플러스센터에서 관련 취업지원서비스와 수당(비용)을 지원한다.

지원대상

참여자의 소득과 재산 등에 따라 두 가지 지원 유형이 있다.

Ⅰ 유형	Ⅱ 유형
- 요건심사형: 15~69세 구직자 중 가구단위 중위소득 60% 이하이고 재산 4억원 이하이면서, 최근 2년 안에 100일 또는 800시간 이상의 취업경험이 있는 사람 - 선발형: 요건심사형 중 취업경험요건을 충족하지 못한 사람(단, 18~34세의 청년은 중위소득 120% 이하, 취업경험 무관)	- 특정계층: 결혼이민자, 위기청소년, 월소득 250만원 미만인 특수형태근로종사자, 영세자영업자 등 - 청년: 18세~34세 구직자 - 중장년: 35~69세 구직자 중 중위소득 100% 이하인 사람
- 구직촉진수당(50만원×6개월) 및 취업지원서비스 제공	- 취업활동비용 및 취업지원서비스 제공

지원내용

- Ⅰ·Ⅱ 유형 참여자 모두에게 취업지원서비스 제공
- Ⅰ 유형 참여자에게 구직촉진수당 지급
- Ⅱ 유형 참여자에게 취업활동비용 지급

지원절차

1. 신청	- 워크넷에서 구직 신청 - 취업지원 신청서 제출(고용센터 방문 또는 국민취업지원제도 홈페이지 이용)
2. 수급자격 결정 및 알림	- 신청서 제출일로부터 1개월 이내(7일의 범위에서 연장 가능)
3. 취업활동계획수립	- 진로상담 및 직업심리검사(직업선호도검사 등) 고용센터 상담자 대면 상담 - 개인별 취업역량, 취업 의지 등에 따라 취업활동계획 수립 (수급자격 결정 알림을 받은 날부터 1개월 이내)
4. 1차 구직촉진수당 지급	- 구직촉진수당 지급 신청서 제출일로부터 14일 이내
5. 취업활동계획에 따른 구직 활동의무 이행	- 고용·복지서비스 연계 프로그램 참여 - 취업지원 프로그램 참여(직업훈련, 일 경험 등) - 구직활동지원 프로그램 참여(구인업체 입사 지원 및 면접 등)
6. 2~6회차 구직촉진수당 지급	- 취업활동계획에 따라 정해진 구직활동 모두 이행 여부 확인(최소 2개 이상 정해야 하며 정해진 구직활동을 모두 이행하여야 함) - 구직촉진수당 지급 신청서 제출일로부터 14일 이내
7. 사후관리	- 미취업자: 취업지원서비스 종료일 이후 3개월 동안 구인정보 제공 등 사후관리 - 취업자: 장기근속 유도를 위한 취업성공수당 지원

3

예비 여성 창업자를 위한
창업 준비 가이드

오! 당신의 시계를 근거로 나를 비난하지 말아요. 시계는 항상 너무 빠르거나 너무 늦지요. 시계에 휘둘릴 수는 없어요.

- 제인 오스틴(Jane Austen)

창업은 하고 싶은데, 무엇을 준비해야 할지 모르겠어요

창업역량 자가진단 검사를 통해 본인의 창업역량 수준을 체크하고 창업을 위한 준비자료로 활용 가능하다.

K-Startup 자가진단

- 자가진단 결과를 통해 본인의 사업역량과 사업 아이템의 부족한 점을 보완할 수 있는 기회를 제공
- 개선을 위해 제공된 정보는 창업교육, 창업멘토링 분야의 선택, 사업계획서 및 비즈니스 모델의 고도화를 위한 기초자료로 활용
- 검색경로: K-Startup 홈페이지 로그인 〉 사업신청관리 〉 창업사업통합정보관리시스템 〉 상단 우측 마이페이지 클릭 〉 자가진단

출처: K-Startup 창업지원포털(www.k-startup.go.kr)

꿈날개 & 창업날개(창업역량검사, 창업적성검사)

- 창업 시 본인에게 알맞은 분야 및 단계에 필요한 창업역량 진단
- 창업분야 선택 > 창업단계 선택 > 창업역량 진단
- 창업역량 수준 및 보완점 확인, 해당 분야의 창업 가이드 제공

출처: 꿈날개(www.dream.go.kr/changup)

창업교육을 받을 수 있는 기관

본인의 관심 분야를 선택 후 창업 과정에 필요한 교육을 신청하여 수강할 수 있다.

K-Startup

창업단계와 관심 분야를 선택하여 한눈에 창업지원사업 검색 가능

출처: K-Startup 창업지원포털(www.k-startup.go.kr)

온라인 창업교육 플랫폼 '창업에듀'

(예비)창업자의 성공 창업을 지원하기 위한 온라인 창업교육포털로, 창업의 단계별, 주제별로 이론 및 실무 중심의 창업 강좌를 무료로 제공

소상공인지식배움터

- 사업주기별(창업-성장-재기) 교육과 노하우, 교양 교육을 온라인으로 수강 가능

- 소상공인 정책자금 지원: 온라인교육 중 원하는 교육을 신청하여 12시간 이상 수강 완료 후 1357로 문의, 정책자금 신청 관련 제출 서류 안내 후 정책자금 지원대상 확인서 발급

여성인력개발센터

- 전국 53개 센터에서 운영, 각 지역 센터 홈페이지 공지 내용 및 교육 과정 확인 후 수강 신청
- 예) 고양여성인력개발센터 창업교육 과정

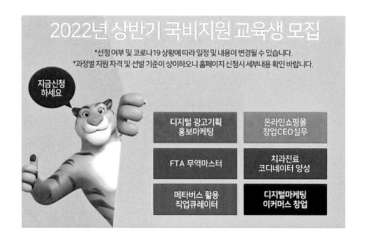

경기도여성창업플랫폼 꿈마루

경기도 거주 또는 경기도에 사업장 소재지를 두고 있는 여성이라면 회원가입 후 누구나 교육 신청이 가능하다. 선착순 또는 선발 과정이 므로 교육 상세 정보 확인 후 관심 분야의 교육을 신청하면 된다.

출처: 경기도여성창업플랫폼 꿈마루(www.dreammaru.or.kr)

창업지원 기관

K-Startup(www.k-startup.go.kr)

- 중소벤처기업부 운영, 창업지원포털, 창업지원사업 정보 통합·제 공 및 온라인 창업교육

- 창업공간 정보, 온라인법인설립 서비스 등 제공

기업마당(www.bizinfo.go.kr)

- 중소기업 지원사업 정보를 한눈에 확인 가능

창업진흥원(www.kised.or.kr)

- 창업교육부터 사업화 지원, 판로개척 등 사업 전반에 걸친 지원사
  업 운영
- 예비창업, 초기창업, 창업 도약패키지, 재도전 성공패키지, TIPS,
  사내벤처육성, 글로벌 액셀러레이팅

소상공인시장진흥공단(www.semas.or.kr)

- 소상공인 육성, 전통시장, 상점가 지원 및 상권 활성화를 위한 사
  업 운영
- 정책자금, O2O지원사업, 소상공인마당, 소상공인시장진흥공단,
  소상공인 정책자금

신사업창업사관학교(www.sbiz.or.kr)

- 신사업 아이디어 예비창업자 공모전, 체험점포 꿈이룸
- 창의·혁신적인 아이템으로 창업을 준비하는 예비창업자는 누구
  나 교육 신청 가능

Wbiz 여성기업종합정보포털(www.wbiz.or.kr)

- 여성기업 맞춤형 종합정보 제공, 여성기업 온라인 홍보, 여성기업
  온라인 경영상담 등

경기도여성창업플랫폼 꿈마루(www.dreammaru.or.kr)

- 경기도 여성 창업가를 위한 여성 특화 코워킹 스페이스, 창업교육,
  분야별 컨설팅 등 지원
- 창업지원기관 한눈에 보기: 꿈마루 홈페이지 로그인 > 창업지원
  정보 > 창업지원기관 한눈에 보기

서울여성공예센터 더아리움(seoulcraftcenter.kr)

- 여성공예인들의 창작과 창업을 전문적으로 지원하고 육성
- 창작·제작, 기술혁신, 전시·판매, 마케팅, 담론, 국제교류 등 공예
  와 공예창업의 전반적인 과정을 매개하고 지원

나는 행복한
떡장수입니다

1. 인생도 때론 리모델링보다 신축이 낫다
2. 나의 첫 전략적 사업, '이천 기정떡'
3. 기정떡처럼 부푸는 꿈

김동선
발효음식문화 전문가

김동선 / 발효음식문화 전문가

◇ **경력**

한정식 마실 주방부 주임

사) 한국전통음식연구소 떡, 한과, 음청류 생산부 주임

명가 떡사랑 떡류 생산부 대리

쌍용떡방 떡류 생산부 과장

분당 열두광주리떡집 생산부 실장

前 떡집프린스 대표

現 이천 기정떡 대표

분당 열두광주리떡집 컨설팅

소상공인시장진흥공단 지식배움터 강사

◇ **보유자격증 및 수상경력**

떡제조기능사

한식조리기능사

일식조리기능사

2007 국제관광요리대회 해산물부문 은메달

2020 식생활교육 전문인재 양성교육 수료

◇ **이메일**

princeddeok@gmail.com

◇ **홈페이지**

www.foodculture.co.kr

집필동기

거칠고 빠르게 변화하는 세상, 나를 이해하고 내 안에서 답을 찾는 것이 중요해지고 있다. 가상세계와 첨단기술은 직장보다는 본인만의 개성을 갖춘 1인 기업을 우리에게 요구하고 있다. 남들과 같은 콘셉트로는 살아남기 어렵다. 남들과 조금이라도 다른 나만의 것을 발굴해내고 필요한 지식과 능력을 채워넣는 것이 중요하다. 스스로 보완할 문제를 인식하고 극복하는 과정에서 인생의 방향을 발견하는 과정은 자신만의 직업 세계를 열어가는 데 도움이 될 것이라 믿는다. 여기 필자의 변화 과정을 공유함으로써 창업을 준비하는 분들에게 용기를 드리고자 한다.

1

인생도 때론
리모델링보다 신축이 낫다

『東醫寶鑑』外形篇卷之三 〉 筋 〉 筋屬肝

『내경』에, "간은 근을 주관한다"라고 하였다.

『東醫寶鑑』外形篇卷之三 〉 骨 〉 骨屬腎

『내경』에, "신은 골을 주관한다"라고 하였다.

또, "신은 골에 상합된다"라고 하였다.

어느 몸이 약한 남자가 살아가는 법

나는 뼈가 가늘다. 더불어 근육량도 적다. 동의보감에서는 근신간

골이라 하여 외형적인 뼈와 근육의 형태가 신장과 간 기능에 비례한

다고 하였다. 자연스레 먹는 것에도 예민했다. 지금도 기억나는 초등학생 시절의 일화를 소개한다. 당시 인기 있던 삼○식품 보름달 빵을 먹고 피부가 가렵고 얼굴에 붉은 기가 생기며 심장박동이 빨라졌다. 이후 비슷한 상황에서 거의 같은 증상이 나타났다. 내 몸은 특정 화학식품첨가물이 들어간 제품을 먹으면 알레르기 반응처럼 몸에서 신호를 보내왔다. 살아 있는 화학식품첨가물 검출기였다. 먹는 것에 관심이 생겨났다. 그때부터 가공식품을 먹어야 할 때면 포장지 뒷면의 성분을 보고 먹는 습관이 생겼다. 나한테만큼은 모양이 화려한 음식이나 자극적인 음식이 매력적으로 보이지 않았다. 일단 먹고 속에서 탈이 나지 않는 것이 중요했다.

청년, 떡에 입문하다

스무 살, 봄날 같던 춘천의 한림대학교에서 꿈에 그리던 자유로운 자취생활을 했다. 통기타 하나 들고 동아리생활을 하며 밤새 노래 부르길 좋아하던 머리 긴 소년은 그 시간이 영원할 줄 알았다. 1학년 2학기 기말시험을 치른 저녁 집에서 한 통의 전화가 걸려왔다. 내일 바로 집으로 올라오라고⋯. 아버지는 간암 말기 판정을 받은 상태였고 운영하던 사업도 기울었다.

마음이 먹먹하다가 이내 급해졌다. 내일 밥을 먹으려면 당장 일을 찾아야만 했다. 편의점 야간 아르바이트, 냉면집 서빙 등 돈이 되는 일을 닥치는 대로 했다. 생각 끝에 하나라도 배울 수 있는 일을 하자고 마음먹고 식당 주방에 취직했다. 돈을 벌겠다고 시작한 일이었지만 음식 만드는 일에 집중하다 보니 괴로운 현실을 잊을 수 있어서 좋았다. 한편으론 은근히 이 일을 즐기는 내 모습을 볼 수 있었다. 어쩔 수 없는 여건을 받아들이려고 합리화하고 있는 건지, 진짜 좋아서 즐거운 감정이 드는 건지 혼란스러웠다. 어릴 적 엄마가 부엌에서 가족의 식사를 준비할 때면 옆에서 멍하니 지켜보는 것을 좋아했다. 중학생 시절 나와 동생이 부모님의 결혼기념일에 그동안 눈으로만 보던 칼질을 해서 볶음밥을 만들고 케첩으로 하트를 올려드렸던 기억이 난다. 어쩌면 난 요리를 하고 싶었는지도 모른다. 처음 요리를 배우기 시작한 곳은 분당 율동공원 근처의 '마○'이라는 한정식 음식점이었다. 신라호텔 출신 주방장과 여러 젊은 요리사들로 주방은 후끈했다. 당시 유행하던 한식, 일식, 중식, 양식을 코스요리로 제공하는 퓨전 한정식 음식을 만드는 일은 흥미로웠다. 처음 3개월은 한 테이블당 수십 개씩 쏟아져 나오는 그릇을 닦았다. 쉬는 시간마다 일식 부서를 기웃거리며 살아 있는 생선의 머리를 자르는 일부터 배웠다. 커다란 젖은 눈을 끔뻑거리는 점성어의 얼굴이 꼭 내 신세 같았다. 이후로도 주로 일식 부서에서 일했는데, 나머지 부서 요리사가 쉬는 날이면 대신 자리를 메우며 부지런히 배우고 익혔다.

　식당에서 돌잔치가 있던 날 주방 안으로 콩설기 한 덩어리가 들어왔다. 잠시 일을 멈추고 한 입 베어물었다. 딱딱한 검정콩에 뻣뻣한

식감의 콩설기였다. 그때 묘한 감정이 일었다. "내가 한번 만들어볼까?" 떡을 만들어본 적은 없지만, 왠지 내가 하면 잘할 것 같았다. 떡은 밥보다도 먼저 먹었던 한국인들 영혼의 음식 아닌가? 국사책 맨 앞장에 나오는 빗살무늬 토기는 분명 떡을 만드는 데 쓰인 도구라고 배우지 않았는가? 뭔가 씁쓸하면서도 원석을 발견한 느낌이었다. 이 작은 사건이 내 앞날을 좌우할 거라는 것을 그땐 미처 몰랐다.

1년이 지난 2003년 6월, 기어코 나는 윤숙자 교수가 운영하는 사단법인 전통음식연구소에서 낸 구인광고를 보고 생산팀 직원으로 취업해 떡 만들기 수련을 시작했다. 떡뿐만 아니라 약과, 강정 등의 한과, 전통 음료, 화려한 떡 케이크 장식, 폐백 음식을 배우며 힘들었지만 즐거운 수련기를 거쳤다. 그러던 중 하루 12시간 근무와 왕복 출퇴근 4시간이 무리였는지 고열 증세로 분당 차병원에서 15일간 강제 휴식을 해야 했다. 20대 초반의 젊은 혈기로도 넘지 못한 체력의 한계를 경험했다. 이때 병원을 찾아준 모든 분들을 기억하며 감사하는 마음을 가지고 산다. 퇴원 후 쌍용떡방, 명가 떡사랑 등 몇몇 업체를 더 거쳐 다양한 상황과 관점에서 떡 만드는 법을 익혔다.

2007년엔 새벽부터 고되게 일하던 내 모습이 안쓰러워 보였는지 오랜 친구의 끈질긴 권유로 다시 학교에 진학하게 되었다. 당시 그는 명문대에 입학해 과외로 내 수입의 몇 배나 되는 수입을 올리고 있었다. 그 친구를 보면서 배움과 학력의 중요성을 느꼈다. 대한민국 명장 1호 임○빈 교수가 학과장으로 재임하고 있던 한국 호텔조리전문학교에 입학했다. 학기초 반대표를 맡게 되었는데, 대표 회의에서 자의 반, 타의

반으로 초대 조리학과 학생대표가 되었다. 조리학과 학생과 교수님을 모시고 자체적으로 진행한 스승의 날 행사에 학생대표로서 마이크를 잡고 긴장했던 기억은 지금도 생생하다. 그해 5월, 한 달여의 준비 끝에 강남구 삼성동 코엑스에서 열린 '2007 서울 국제관광요리대회'에 학생부로 출전해서 해산물부문 은메달이라는 값진 성과도 얻었다. 지난날 실전에서 한정식 요리를 익혔던 경력이 빛나던 때였다. 당시 아버지가 돌아가시면서 남긴 3,500만 원의 빚과 동생의 학비, 가족의 생활비를 충당하며 돈을 모아왔지만 정작 내게 필요한 돈은 늘 부족했다. 방학 때면 뷔페식당 주방에서 일하고 오후 6시 학교 수업이 끝나면 새벽 한 시까지 강남의 한 와인바 주방에서 일했다. 그럼에도 불구하고 마지막 학기에 등록금이 모자라 학업을 포기하고 졸업작품을 못 낸 건 아쉽지만 이때 배운 조리의 기본이론과 다져놓은 실력은 떡을 연구하는 데에 풍요로운 상상력을 제공해준다.

이후 나의 컨설팅을 통해 성공적으로 개업했던 분당의 열두광주리 떡집에서 생산부 실장으로 일을 했고, 2009년 사촌형의 투자 제의로 성남시 중원구 도촌동에서 '떡집프린스'라는 첫 떡 사업이 시작되었다.

엉망진창 첫 사업 '떡집프린스'와 3가지 고민

처음 3년은 용기만 있고 실력이 부족했다. 요식업계에는 오래된 격언이 하나 있다. '주방장이 식당을 차리면 망한다.' 이 말은 아무리 음식 맛이 중요한 식당이라도 경영을 모르면 성공하기 어렵다는 말이다. 내가 꼭 그러했다. 가게 위치도 그냥 출퇴근하기 좋게 집 근처로 계약했다. 당시 그곳에는 이제 막 신도시가 형성되고 있었다. 직장에 다니면서 점심시간마다 계약한 점포를 찾아갔다. '알아서 잘 진행해주겠다'라는 인테리어 업체 말만 믿고 진행 상황만 확인했다. 메뉴도 오픈 전날 뚝딱 만들어 붙이고 가격도 인근 타 업체 기준으로 정했다. 전략은커녕 콘셉트와 원칙도 없었다.

지금 돌이켜보면 말도 안 되는 황당한 과정이었다. 지난 몇 년에 걸쳐 익힌 떡 만드는 기술 외에 경영 전략도 없었고, 회계며 세금 내는 방법도 몰랐다. 당연히 수입도 형편없었기 때문에 쉬는 날도 없이 새벽이고 밤샘이고 일이 들어오면 해야 했다. 메뉴에 없는 떡도 고객이 원하면 무조건 받아서 제공했다. 경영에 대해 준비를 하지 않은 대가는 컸다. 비싼 수업료를 낸다고 생각했지만, 할 수 있는 것은 오로지 버티며 혹독하게 훈련받는 시간이었다. 포기하고 싶다는 생각이 수도 없이 들 만큼 힘든 날들이었지만, 투자자와의 관계 때문에 그럴 수도 없었다.

그 무렵 성당에 다니며 청년회장을 맡아 청년회 활동과 밴드 활동을 하며 지역사회에 좀 더 가까이 다가가려고 노력했다. 성당의 봉사자를 통한 방문 도시락 서비스와 지역 노인의 무료 식사를 맡고 있는 봉사단체, 지역 아동 돌봄센터 등에 일주일에 한 번 정도 떡을 기부했다(이때의 기부 내역이 쌓여서 훗날 정부지원사업 신청에 피가 되고 살이 될 줄은 꿈에도 몰랐다). 좌충우돌의 연속이던 2013년 지금의 아내와 결혼하고 현 사업으로 의기투합하면서 사업에 탄력이 붙었다. 투자자에게는 저축한 돈과 대출을 보태서 투자금을 돌려주고 내 이름으로 사업자명을 변경하기로 합의했다. 오롯이 사업에 대한 책임을 감수해서 진행하면 더 열심히 할 것 같았다.

우선 수기로 작성되던 서류들이 엑셀로 정리되니 정확한 입출금기록과 손익계산서가 만들어졌다. 1년치 자금계획을 세우고 계획적으로 목적에 맞는 자금을 집행해보니 묵은 체증이 내려가는 것처럼 머릿속이 시원해졌다. 심지어 부담스럽기만 했던 연말 결산하는 시간이 은근히 기다려졌다. 잘했건 못했건 1년치 경영성적표를 보는 재미가 쏠쏠했기 때문이다. 또한, 홍보 마케팅 전략을 연구하고 매 시즌에 맞춰 이벤트도 진행하니 뭔가 제대로 일이 풀리는 느낌이었다. 강원도 농가와 계약해 도라지정과 같은 한과도 직접 만들어 팔고, 가락시장에서 가장 품질 좋은 뉴질랜드산 단호박을 구매해 식혜도 담갔다. 더운 여름엔 얼음까지 동동 띄워 팔았더니 인기가 좋았다. 웹디자이너를 고용해 박스 디자인부터 떡 디자인, 홈페이지 디자인을 내부에서 기획하고 제작했다. 그중 캐릭터 떡 케이크는 당시 잘나가던 소셜커머스인 '티몬'에서 인기를 끌어 처음으로 월 1,000만 원의 수입도 만져보았다. 당시 고가의 쌀과자 기계를 설치해 직접 생산한 쌀과자를 자체 상표로 팔았다. 고작 14평 떡집 안에 많을 때는 정직원 3명, 시간제 아르바이트 3명까지 고용하게 되니 손님들까지 들어오면 꽤 북적거리는 공간이 되었다. 하지만 직원이 늘고 매출이 느는 만큼 고민도 커지고 있었다.

고민의 이유는 크게 3가지 정도였다.

첫 번째는 떡을 전통음식으로 규정하고 그 틀에서만 생각하다 보니 사업의 미래가 잘 그려지지 않았다.

두 번째는 아무리 좋은 재료로 만들어도 질긴 떡의 특성상 먹고 나서 소화가 잘 안되는 것이 마음에 걸렸다.

마지막 세 번째는 근무시간이 불규칙하고 고강도 육체노동이 필수인 직업이다 보니 직원을 구하기가 어려웠다.

이러한 몇 가지 이유로, 가족 사업으로 할 수 있는 모든 방향을 알아보고 고민하기 시작했다. 강남구 압구정동에 있는 사단법인 티소믈리에 연구원에 오가며 티소믈리에, 티 블렌딩 과정을 이수하고 자격증을 취득한 후 떡 카페를 기획했으나 결국 모든 과정은 정지되었다.

기존의 사업을 새로운 방향으로 전환하는 것도 상당한 에너지가 필요하다. 하지만 그땐 나를 포함한 구성원 모두가 지쳐 있었다.

"인생에도 때론 리모델링보다 신축이 더 낫다."

집 짓는 일을 하는 사람들이 항상 하는 말이다. 때론 기존의 틀을 놔두고 다시 거기에 끼워맞추는 리모델링보다 빈 땅에 처음부터 짓는 것이 나을 때도 있다는 의미이다.

그저 열심히 만들고 많이 팔면 되는 줄 알았다. 하지만 치솟는 월세와 인건비 상승, 그리고 당시 세월호 사건 전후 정치적 불안 등으로 수입은 계속 줄어들기만 했다(그 당시 이례적으로 서울의 아파트값도 떨어지던 때이다). 일반적인 떡집의 매출구조를 살펴보면 매대에 진열 및 판매되는 제품은 기본 운영비를 충당하고, 단체행사에 쓰이는 행사 주문

떡이 운영자의 수익으로 남는다. 단체행사 주문도 예전 같지 않은데다 엎친 데 덮친 격으로 쉬지 않고 무리해서 일했던 후유증으로 나와 직원 모두 몸에 근육과 신경에 이상이 생겨 힘든 날을 보냈다. 드디어 결정의 순간이 다가왔다.

내 손으로 피땀 흘려 성을 쌓기도 어렵지만 그걸 내 손으로 해체하는 일 또한 쉽지 않은 일이었다. 하지만 나는 신축건물을 짓듯이 다시 시작하기로 했다. 일단 10여 년간 거의 쉬지 않고 일을 했던 나에 대한 보상으로 장기 안식년을 주기로 했다. 그것도 이왕이면 말 안 통하는 외국에 머물기로 했다. 그중 독일이라는 나라는 정치, 경제, 사회, 문화 등 모든 것이 내 이상향이라고 생각되던 나라였다. 가보고 싶은 곳이 정해지니 할 일이 명확해졌다. 독일어 학원에 다니며 어학 공부를 하고 언제 또 볼지 모르는 한국의 지방 여행을 했다. 그렇게 한국에서의 모든 흔적을 정리하고 2017년 1월 1일 우리 부부는 커다란 여행가방 두 개 달랑 끌고 독일 베를린에 거처를 마련했다. 인천공항에서 알 수 없는 눈물이 멈추지 않았다.

긴장이 풀리니 몸 안팎으로 건강에 빨간불이 들어오기 시작했다. 혈중 콜레스테롤은 기준치보다 매우 높아 고위험 수준까지 치솟았고 손목, 어깨 등의 신경통과 근육통 때문에 장바구니조차 들기 힘들었다. 독일의 기후와 물이 한국과 다른 것도 한몫했다. 도착하고 한 달 만에 흰머리가 부쩍 늘어났다. 햇빛 없는 긴긴 겨울을 견디는 것 역시 쉽지 않았다. 당시 30대 후반 나이였지만 신체 나이는 50대처럼 노쇠해진 느낌이었다. 거기에 사회에서 경제활동을 시작한 이후 곧장 앞만 보고 달려왔던 내가 경제활동을 멈춘다는 것은 곧 폭주기관차를 멈춰세우는 일처럼 큰 노력이 필요했다. IMF 시절 급작스러운 퇴직 후 우울증에 시달리다가 아쉬운 선택을 했던 사람들의 심정이 조금은 이해되었다. 당장 들어오는 수입이 아쉬워 사업을 정리하지 못했다면 더 큰 병을 키웠을 수도 있겠다는 생각에 등골이 오싹해졌다. 그때 나는 베를린에서 하루 두 번의 공원 산책과 책 읽기, 일기 쓰기 등을 통해 온전히 나 자신과 세상을 알아가는 데만 집중했다.

2

나의 첫 전략적 사업,
'이천 기정떡'

당신이 무엇을 먹었는지 말해달라. 그러면 당신이 어떤 사람인지 알
려주겠다.

- 19세기 프랑스의 법학자이자 미식가 '앙텔름 브리야사바랭'

먹는 것을 바꾸면 인생이 변한다

쉼과 운동으로 자발적 요양 생활을 시작한 지 1년 가까이 지나도 콜
레스테롤 수치는 떨어지지 않고 계속 치솟았다. 정상 수치 220mg/dl
이하 대비 최고 385mg/dl까지 올랐다. 독일의 병원에서도 유전이나 가
족력이니 그냥 약을 먹으라는 말밖에는 하지 않았다. 당장 약을 먹지
않으면 심장병이나 뇌졸중이 언제든 올 수 있다고 경고를 받았다. 독

일에서 제일 큰 병원에 소견서를 써줄 테니 그곳에서 치료를 받는 것이 좋겠다는 말을 듣고서 집으로 돌아오는 길은 유독 멀게 느껴졌다. 하지만 약을 먹었을 때 부작용 또한 만만치 않아 약도 나에게는 해결책이 되지 않았다. 기력이 없어서 축 늘어진 몸으로 아내에게 의지하며 지푸라기라도 잡는 심정으로 베를린에 있는 한인병원에 방문했다. 같은 내용이라도 한국어로 들으니 마음은 좀 편했다. 내 사정을 다 들어본 의사는 신약이 있는데 기존의 약과 달리 부작용이 적다고 샘플 약을 조심스럽게 내밀었다. 다행히 그 약은 나에게 부작용이 없었고 급한 상태는 벗어날 수 있었다. 뭔가 희망이 보이기 시작했다. 그때부터 채식을 시도했다. 관련된 책을 읽고 매끼 유기농 채소, 과일, 곡물로 식단을 차리고 육류는 하루에 달걀 1개나 생선 1/3토막만 먹었다.

4개월이 지났다. 하루 12시간 이상 잠을 자고도 피곤했던 내가 낮잠을 안 자도 될 정도로 좋아졌다. 시야가 맑아졌고 눈에 힘이 생겼다. 머릿속도 맑아져서 부정적인 생각이 걷히기 시작했다. 몸속 구석구석 쌓여 있던 독소 물질이 빠져나간 느낌이었다. 굳이 병원에서 검사하지 않아도 뭔가 좋아졌음이 느껴졌다. 다음 해 한국에 귀국해서 콜레스테롤 수치 '정상'이라는 검사지를 받았을 때는 만감이 교차했다. 아내의 배려와 채식이 나를 살렸다. 지금도 육류나 가공식품 섭취는 조절하며 살고 있다. 초등학생 때 나를 관찰했던 경험에 이어 또 한번 먹는 것의 중요성을 알게 되었다.

사우어크라우트와 한국에서의 재정착

세계적으로 음식문화가 약하다는 독일에서도 사랑받는 '사우어크라우트'라는 양배추 요리가 있다. 한국 김치에 비해 단순한 조리법이지만 어디서나 항상 볼 수 있었다. 양배추를 소금에 절여 숙성한 것인데 식초를 넣느냐 안 넣느냐, 오래 숙성시켰느냐 신선한 상태로 먹느냐 하는 정도로 구분되었다. 베를린에서 김치를 담그는 대신 사우어크라우트에 고춧가루를 버무리고 식초 몇 방울 넣어 끓이면 김치찌개처럼 되었다. 확실히 싱싱한 채소의 섬유질과는 다른, 한국의 김치와 같이 숙성된 섬유질이 소화가 잘되었다. 자세히 보니 어느 문화권이나 각기 발효음식 한 가지는 식탁 위에 올리는 듯했다. 평소 발효음식에 관심이 많았던 나는 그렇게 떡을 발효시키는 상상을 했다. 사람도 채소와 마찬가지로 젊고 신선한 시절도 좋지만 여러 경험을 하며 나이를 먹음에 따라 깊은 맛과 향을 내게 되는 것도 매력적이라는 생각을 했다. 단, 고인 물처럼 자신을 스스로 가두며 나이만 먹는 꼰대가 되는 것만은 경계하기로 했다.

몸과 마음을 추스르며 2년 가까이 지날 무렵 러시아 모스크바를 여행하던 중 아이가 생겼다는 걸 알게 되었다. 결혼 후 6년 만에 바라던 첫 아이였다. 우리는 설렘 반 우려 반의 마음으로 모든 여행 일정을 정리하고 한국으로 돌아왔다. 마침 코로나19 사태로 혼란스러웠지만 한국에서 다시 정착할 계획을 세우느라 정신이 없었다. 여러 기관에서 발표하는 사업계획서에 도전했다. 하지만 무직이라는 현 상태와 사업적 정보가 부족한 상황에서 선정되기란 쉽지 않았다. 다행히 지난 8년간 사업체를 경영하며 낸 세금 기록과 기부 명세를 바탕으로 경기 도시장상권진흥원에서 진행한 소상공인 재창업지원사업에 지원하여 당선되었다. 2,000만 원의 사업화 지원금과 5,000만 원의 대출, 그리고 창업지원컨설팅을 받을 수 있었다. 이때의 아이템이 기정떡 버거였다. 이것은 현재 운영 중인 이천 기정떡의 고마운 발판이 되었다. 하지만 세상에 쉬운 일은 없는 법, 곧바로 현실적인 문제들에 봉착했다. 지원금과 대출은 내가 먼저 자금을 집행하고 다음에 입금받는 방식이었다. 그간 모은 돈은 나의 어설픈 재테크로 꽁꽁 묶여 있었고 외상으로 사업을 시작해야 했다. 혹시나 하는 마음으로 지난날 함께했던 협력업체들에 전화하기 시작했다. 다행히 예전부터 떡 기계설비를 맡아주셨던 영○기계 대표, 포장 상자를 납품해주셨던 조○수출포장 대표도 흔쾌히 도와주셨다. 떡집 사장 출신 식품기술사 한○수 컨설턴트도 다시 내가 사업적 감각을 찾게끔 열심히 조언해주었다. 세상에 혼자 할 수 있는 건 아무것도 없다는 걸 다시 한번 깨닫는 순간이었다. 사업은 금전적 이익만이 아닌 '신뢰가 근간이 되어야 한다'라는 교훈도 다시 한번 되짚어보는 계기가 되었다.

이후 본격적으로 송파여성문화회관을 오가며 김○순 교수에게 전통주 제조법, 누룩 전문가 윤○운 선생에게 누룩 제조 활용법, 세종대학교 학점은행 과정으로 제빵 명장 박○욱 교수에게 빵 발효하는 법 등을 배웠다. 이때 배운 것들은 모두 기정떡의 기초인 발효 과정을 이해하고 현대적으로 해석하는 데에 도움이 되었다.

발효떡 만들기의 시작

한여름 작업실도 없이 집 부엌에서 연구가 시작되었다. 증편 제조 관련된 논문, 책, 유튜브 영상 등을 찾고 발효떡의 개념을 머릿속에 그렸다. 효모, 세균, 곰팡이 등 미생물 발효에 관련된 이름과 친숙해지도록 노력했다. 대표적인 효모인 Saccharomyces cerevisiae는 어떻게 발음해야 할지도 몰라 난감했다. 기본 이론을 정리하고 실전을 준비했다. 당○마켓에서 중고 전기 항온기를 구매하고 큰 찜기 하나를 구매하니 기본적인 실험이 가능했다. 매일 3가지 조건을 달리해서 2~3회 찌고 또 쪄서 결과를 관찰했다. 쌀과 막걸리의 종류를 바꿔보고, 물과 막걸리의 비율을 조절해보고, 유산균이나 발효에 도움이 될 만한 제품을 넣어보는 등의 방법이었다.

너무 더워서 찌는 동안에는 다른 곳에 피신해 있다가 다 쪄지면 다시 와서 결과를 확인하고 기록했다. 돌도 되지 않은 아이가 낮잠에서 깰라, 덜그럭 소리 한번 나면 바짝 긴장해야 했다. 직접 누룩을 띄우고 그 누룩으로 술을 담그고, 그 술로 떡을 발효했을 때 가장 토속적인 맛을 느꼈다. 마치 타임머신을 타고 100년 전 어느 주막에서 손님들에게 대접하던, 누렇고 시큼하면서도 묘한 맛이 나는 조선의 떡 같다는 생각이 들었다. 이 중 가장 기억나는 조건은 이천에 살며 직접 농사짓는 큰동서 형님이 주신 이천쌀로 떡을 만들었을 때였다. 다른 테스트용 쌀로 만든 떡에 비해 소금, 설탕, 막걸리를 똑같이 사용했지만 훨씬 감칠맛이 나고 향도 좋았다. 다시 한번 재료의 중요성을 체감하는 순간이었다.

음식을 처음 접할 때부터 맛은 원재료가 내고 요리사는 보조할 뿐이라는 지론이 있었다. 요리사는 재료를 지휘해 아름다운 맛을 만드는 지휘자라고도 생각했다. 실험만 하다가 지칠 때면 강릉, 순천, 구미, 원주 등 전국의 유명하다는 기정떡 만드는 곳에 방문도 하고 택배로 받아서 먹어보기도 했다. 전혀 다른 '발효 과정'을 거치는 떡이라 감을 잡기 쉽지 않았다. 거기다가 밀이 아닌 쌀은 특성상 최적의 발효 타이밍을 잡기가 어려웠다. 밀에는 글루텐이라는 단백질이 마치 끈처럼 부푸는 반죽을 잡아준다. 그래서 다른 곡물과 다르게 부풀리기 쉽다. 대신 글루텐은 사람이 먹고 소화하는 데 방해가 된다. 그래서 빵이 주식인 유럽에서도 글루텐 프리가 유행이 될 정도로 필요하지만 없으면 더 좋다는 인식이 널리 퍼져 있었다. 스물세 살 때 처음 떡을 배우던 당시 느꼈던 신선함과 묘한 도전 의식도 생겼다. 실험을 시작한 지 꼬박 세 달 정도 지나니 점점 발효 과정에 자신이 생겼고 '이젠 팔아도 되겠다'라는 생각이 들 정도로 제품이 나왔을 때는 뛸 듯이 기뻐서 크게 소리를 질렀던 기억이 생생하다.

떡 VS 기정떡 VS 빵

	빵류	일반 떡 (가래떡, 백설기, 찰떡 등)	16시간 발효떡 (이천 기정떡)
주재료	밀	쌀	쌀
발효 유무	○	×	○
글루텐 함량	있음	없음	없음
유산균 함유 여부	없음	없음	있음
익히는 방법	오븐에서 굽기	수증기로 찌기	수증기로 찌기

첫 전략적 사업 '이천 기정떡'

이천 기정떡의 사업 형태는 앞서 고민했던 3가지 요건을 충족시키려고 노력했다.

먼저 '전통은 따르는 것이 아닌 업그레이드하는 것이다'라고 재정의했다. 기존에 있던 방법과 재료에 새로운 요소를 융합하고 발전시킬 대상으로 삼았다. 다음으로 이미 발효되어 소화에 도움을 줄 수 있는 기정떡이란 아이템에 집중하기로 했다. 마지막으로 비대면 영업의 증가세를 반영해 택배 배송을 기본으로 온라인 판매 위주의 영업 방식으로 새벽 근무를 없애고 주말에는 충분히 재충전의 시간을 가지는 것으로 정했다.

2020년 12월 1일 경기도 이천에서 '이천 기정떡'을 오픈하면서 첫 4종(백미, 치즈, 복숭아크랜베리, 초코) 기정떡이 출시되었다. 2022년 2월인 지금도 그 제품군으로 영업을 하고 있다.

사업장의 위치는 시내에서 벗어나 한적한 곳에 있지만, 애초에 코로나19 사태를 지켜보며 온라인 판매 위주로 전략을 짰으니 크게 아쉽진 않다.

이천 기정떡의 당일 떡이 나오는 시간은 오후 2시. 영업 마감 시간은 오후 6시. 하루에 단 4시간만 당일 나온 떡을 판매한다. 매일 오후 5시부터 다음 날 만들 떡 반죽을 시작하여 익일 오후 2시가 되어야 비로소 최적의 발효 시간을 보낸, 잘 쪄진 떡을 살 수 있다. 일반적으로는 아침 판매를 위해 새벽부터 근무하지만 장기적인 안목으로 운영자의 건강을 지키는 구조를 선택했다.

토요일, 일요일엔 문을 열지 않는다. 영업장이 위치한 신둔도예촌 마을은 주말에 관광객이 꽤 오는 곳이고 주말에 쇼핑하는 사람들도 심심치 않게 있다. 매출을 생각하자면 쉬는 날 없이 영업하는 게 맞지만, 충분히 쉬고 공부할 수 있는 여건을 만들어야 혼란한 시기에 장기적인 계획을 짤 수 있다고 판단했다.

판매는 크게 온·오프라인에서 모두 하고 있다. 네이버 스마트스토어 등 온라인 플랫폼을 통해 택배 배송으로 판매되고 있고, 근방 지역에 사는 고객들은 매장 방문을 통해 구매해 간다. 판매 비율은 대략 온라인:오프라인 1:1의 비율이다.

나는 행복한 떡장수입니다

매장 문을 열고 한 달쯤 지난 눈 내리는 겨울 저녁이었다. 전에 한 번 맛보고 재방문한 고객이었는데, 감격한 표정으로 들어오더니 "이렇게 맛있는 떡을 만들어줘서 감사하다"라고 말하며 떡을 이전보다 더 많이 구매하는 것이 아닌가. 그리고는 나가려다 말고 다시 돌아서서 "여기서 꼭 오래오래 장사하세요. 제가 홍보 많이 도와드릴게요"라고 하는 것이다.

당시 '다소 실험적인 영업 형태가 고객에게 어떻게 받아들여질까?'

하는 불안감이 있었는데 그 한마디가 아직도 마음속에 기둥이 되어서 나를 지지해주고 있다. 또 다른 고객은 평소 위장이 예민해 소화가 잘 되는 기정떡을 좋아했는데 강원도에 유명한 곳보다 더 맛있다고 엄지 손가락을 치켜세워주셨다. 초코 기정떡을 먹고 싶다고 교복을 입은 채 엄마의 손을 잡고 매장 안으로 들어선 고객도, 아침마다 하나씩 먹으면 좋다고 웃어주시던 머리가 새하얀 어르신 고객도, 부모님 생각나서 먼 지방으로 택배 발송 주문을 해주시던 고객들의 모습이 담긴 장면은 모두 내겐 드라마이고 영화다. 고객이 원하는 모든 떡을 만들고 원하는 시간에 제공하려고 나를 버리면서까지 운영했던, 한마디로 고객을 '짝사랑'했던 '떡집프린스'를 운영할 때는 듣기 힘들었던 말이다.

재작년에 태어난 아이와 더불어 내 손으로 만든 제품이 누군가에게 사랑과 칭찬을 받는다는 것은 참 행복한 일이다. 가끔 매장에 오시는 고객 중에 진심 어린 조언을 해주는 분들이 있다. '여기보다 더 좋은 입지가 있다', '이건 이렇게 고치면 좋다' 등이다. 그중에 '기정떡 한가지로 되겠어? 다른 떡을 더 팔아보라' 하며 조언해주는 분도 있다. 이런 말들도 처음엔 잔소리 같아 듣기 싫었지만 다시 생각해보면 고객의 애정 어린 마음이 느껴져 감사하다.

다행히 계획대로 1년간 한 가지만 팔아서 먹고살고 있다. 더군다나 매출은 소폭이지만 꾸준히 늘고 있다. 앞으로 콘셉트를 잃지 않고 고객의 소리에 귀를 기울이며 기정떡과 조화로운 제품군을 조금씩 늘려갈 계획이다.

'먹고사는 문제'의 재해석

한국인의 소화장애조사기록

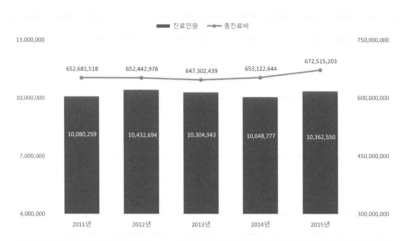

식도, 위 및 십이지장의 질환 진료현황(최근 5년간) / 출처: 건강보험심사평가원 2016년 2월 5일 보도자료

　식도, 위 및 십이지장의 질환은 소화계통의 질환으로 흔히 알고 있는 위염, 역류성 식도염, 위궤양 등이 포함되어 있으며 속쓰림, 소화불량 등이 가장 흔한 증상이다. 이를 대수롭게 여기지 않고 넘어가는 경우가 많으나, 전문의의 진료 및 생활습관 개선이 이루어지지 않을 경우 만성적으로 재발할 가능성이 있다.

　앞의 그래프에서 볼 수 있듯이 한국인 5명 중의 1명꼴인 1,000만 명이 넘는 사람들이 매년 소화계통에 문제가 생겨 치료를 받고 있다. 흔히 불규칙한 식습관, 과식, 과음, 정신적 스트레스 등이 원인으로 진단되고 있는 만큼 식습관은 소화계통 질병의 큰 원인으로 지적되고 있다. 필자도 평소 소화에 어려움을 느껴 먹는 것에 관심을 기울였고, 결국 몸에 생긴 이상증세를 약이 아닌 식단 조절로 이겨낼 수 있었다. '먹고 사는 문제'를 '돈을 버는 문제'가 아닌 '무엇을 먹을지'의 문제로 인식해야 한다.

국제적으로 주목받는 발효음식

미국의 한 조사기관은 2018년 주목해야 할 올해의 식품으로 발효음식을 꼽았다⋯(중략)⋯해외 출장지에서 만나는 저널리스트들이 한국의 기자에게 가장 궁금해하는 것은 더 이상 '북한의 대미정책'이 아니라 '김장을 담글 줄 아느냐'다⋯(중략)⋯한식 열풍은 발효음식에 대한 전 지구적 관심의 일환이다⋯(중략)⋯세계의 수많은 셰프는 고백한다. **"발효음식만큼 '속 편한'게 없다"**라고 말이다. 현대인의 위장 질환을 야기하는 가장 대표적인 요소는 소화 과정에서 음식이 발효될 때 생성되는 독성이나 가스다. 당연하게도 이미 발효된 음식을 먹으면 소화를 위해 위장이 무리해서 움직일 필요가 없다. 건강에 좋고 맛도 좋은 발효음식은 그리하여⋯(후략)

출처: 더 트래블러(2018)

이 글에서 알 수 있듯이 발효음식을 먹고 나면 '속이 편하다'라는 것을 한국뿐 아니라 세계 여러 나라에서도 인정하고 있음을 알 수 있다.

마지막으로 서울 아산병원 메디컬칼럼에 실린, 미생물에 관한 이해를 돕는 글 한 편을 소개한다.

사람의 몸에는 100조 개에 이르는 다양한 미생물이 군집을 이루어 살고 있다. 이렇게 **사람의 몸속에서 함께 살아가는 미생물을 공생미생물 또는 마이크로바이옴이라 부른다.** 우리 몸의 전체 세포 수보다 많고 무게는 1.3~2.3㎏으로 추정된다.

이들은 인간 세포보다 크기가 훨씬 작기 때문에 체중에서 차지하는 비중은 1~2%에 지나지 않는다. 반면 인체에서 배출되는 노폐물은 50% 이상이 이들 미생물이 만든 것이다. 현재까지 연구결과를 보면, **사람의 몸에서 가장 다양한 종류의 미생물이 사는 곳은 대장**으로 세균 수가 무려 1천여 종이 넘는 것으로 알려져 있다.

제2의 인간 유전체라고도 불리는 공생미생물은 피부, 눈, 입, 소화기, 호흡기, 비뇨생식기 등 인체 곳곳에 다양하게 분포하지만 절대다수는 대장에 몰려 있다. 사람의 장내에 공생하는 미생물은 **체내 소화효소로 분해되지 않은 성분들을 발효시켜 영양소와 에너지의 공급을 도울 뿐 아니라 대사물질을 생성하고 다른 장내 미생물과의 끊임없는 상호작용**을 통해 다양한 측면에서 건강에 영향을 미치고 있다.

출처: 「몸속 미생물은 우리에게 유익한가?」 - 융합의학과 권미나

이 글에서 알 수 있는 사실은 우리의 소화계통 건강은 양질의 미생물 생태계가 중요하다는 것이다. 우리가 건강을 유지하기 위해 발효음식을 잘 이해하고 활용해야 한다는 것을 알 수 있다. 현대인들의 무분별한 항생제 남용과 자극적인 음식이 장 건강을 망치고 있고 대부분 사람은 이러한 사실조차 인지하지 못한 채 살아가고 있다.

각종 화학식품첨가물로 만들어진 식품이 만드는 이미지와는 대조적으로, 발효식품이 건강에 이롭다는 인식이 퍼져나가는 추세다. 천천히 제대로 발효시킨 음식에서는 기업의 수익성이 나오기 힘들다. 빠르고 값싼 원료로 찍어내듯 만들어야 최대의 수익성이 나온다. 공장식 축산업과 환경오염이라는 문제 인식에서 시작된 비건 열풍 이후엔 '발효식' 열풍이 전 세계에 불어주길 기대한다. 'Fast Food'에서 'Slow

Food'로 눈을 돌려야 '장'이 살고 내 '몸'이 산다.

세계 속의 발효떡

인도 음식 이들리(Idli) / 출처: shutterstock

중국 음식 파가오(Fagao 發糕, 술떡) / 출처: shutterstock

기정떡은 비단 한국만의 음식은 아니다. 쌀을 주식으로 하는 세계 다른 나라에도 기정떡처럼 쌀을 가루 내어 효모로 부풀려 만드는 음식이 있다. 대표적으로 인도의 이들리(Idli)와 중국의 파가오(發糕: 술떡)이다. 과거 신라, 백제, 고구려의 역사 기록에도 배를 타고 인도에서 건너온 공주의 이야기부터 아랍 상인과의 활발한 무역과 가까운 일본, 중국, 동남아시아 여러 국가와의 교류 과정에서 음식문화도 충분히 교류되었음을 유추할 수 있다. 단순한 예로 밀을 발효시켜 빵을 만든 역사는 과거 이집트 시대부터 누구나 알고 있는 발효음식문화이다. 하지만 밀보다 쌀을 주식으로 먹는 문화권에서는 쌀로 만든 발효음식이 훨씬 편하게 다가온다.

3

기정떡처럼
부푸는 꿈

길이 이끄는 곳을 가지 말라. 대신 길이 없는 곳을 가서 자취를 남겨라.

- 랄프 왈도 에머슨(Ralph Waldo Emerson)

배워야 산다

어찌 보면 난 정말 말도 안 되게 맨땅에 헤딩만 했다. 준비가 하나
도 되지 않은 채로 용감하게 창업을 했다. 첫 사업체인 '떡집프린스'가
그랬다. 하지만 두 번째 사업인 '이천 기정떡'을 운영하는 방침은 그때
와는 다르다. 첫째, 주말과 저녁 시간엔 영업하지 않고 대학원에 진학
해 배우며 일을 해나가는 방향을 잡았다. 둘째, 기존의 사업은 가족
사업으로 진행했었다면 이번 사업은 기업으로 운영해보고자 했다. 아

프리카 속담에 '빨리 가려면 혼자 가고 멀리 가려면 함께 가라'라는 말이 있다. 2020년 통계청에서 진행한 소상공인실태조사에 의하면 소상공인의 연평균 매출은 2억 2천 4백만 원이다. 나 역시 첫 사업 '떡집프린스'를 운영할 때는 꼭 그러했다. 이번 두 번째 사업에서는 형태를 법인화해서 판을 키워보려고 한다. 정확히 말하면 도전해보려고 한다. 우선 '경영'이라는 개념을 중요하게 수립하고자 한다. 우리는 모두 경영자다. 최소한 자기 인생의 경영자다. 경영을 잘한다는 것은 여러 요소 간의 균형을 유지하고 끊임없이 주위와 소통하며 배워나가는 것이라고 스스로 정의했다. 2000년 한림대학교에서 시작해 2007년 호텔조리전문학교를 거쳐서 2020년 세종대학교로 20년에 걸쳐 학사를 마쳤다. 2022년 3월부턴 호서대학교 글로벌 창업대학원에 진학해 제대로 된 창업학을 배우며 경영자수업을 받으려고 한다.

특이하게도 호서대학교 글로벌 창업대학원 지도교수 박남규 교수님의 도움으로 입학도 전에 예비 신입생 신분으로 선배들의 강의를 온라인으로 청강하며 공부하고 있다. 유튜브와 책으로 지식은 얻을 수 있지만 열정으로 이끌며 다독여주시는 교수님과 함께 공부하고 나아가는 동기는 얻을 수 없다고 생각한다. 교수님의 조언 중 사업의 종류 두 가지를 연극과 영화에 비유하셨던 내용을 정리해보았다. 개인사업자로 가족끼리 만들어가는 사업은 내 몸을 써서 직접 운영하는 연극에 비유되고, 법인사업자로 회사를 크게 만들어 운영하는 것은 영화에 비유된다. 다음은 그 차이점을 표로 정리한 것이다.

	운영비용	운영인력	운영의 투명성	투자받을 가능성	운영방식	운영주체
연극 (개인사업자)	적다	적다	불투명	낮음	자기자본으로 직접 운영	대표자
영화 (법인사업자)	많다	많다	투명	높음	투자자금으로 직·간접 운영	대표자 + 시스템

경영의 형태를 연극과 영화에 비유 - 박남규(2022)

입학도 하기 전에 이렇게 내 이야기를 책으로 낼 수 있는 것도 행운이라고 생각한다. 점점 빠른 속도로 변하는 시대일수록 배움이야말로 가장 큰 무기라고 생각한다.

음식을 대하는 나의 자세

2003년 당시 드라마 '대장금'이 촉발한 한정식 유행 시기, 나는 예쁘고 화려하게 모양내는 음식에 열광하는 분위기에 대해 비판적인 시각이었다. 속에 뭘 넣든 간에 일단 눈과 혀를 확 끌어보자는 분위기도 나랑은 맞지 않았다. 예쁘기만 한 음식에 치중하는 건 공예가가 할 일이라고 생각한다.

사람이 맛있게 먹을 수 있고 몸에 좋은 역할을 해야 좋은 음식이라는 신념이 있었기 때문이다. 아마도 약한 내 위장이 나를 여기까지 데려온 것 같다. 동양의 약식동원(약과 음식은 뿌리가 같다) 사상을 좋아한다. 사람으로 태어나 인간으로 살면서 100%는 못 되어도 가능한 한 당당하고 정직하게 살고 싶다. 음식도 그렇게 만들고 싶다. 굳이 사람을 현혹해야 한다면 눈과 혀만이 아닌 소화기관을 열광하게 하는 음식을 만들고 싶다. 음식의 본질을 놓치면 안 된다고 생각한다. 가장 중요한 건 눈에 보이지 않는다.

기정떡 사업을 통해 이루고자 하는 것 3가지

첫째로 기정떡을 통한 마이크로바이옴(Microbiome)제품으로 많은 사람들의 소화계통 질환문제 해결에 기여하고 싶다. 기정떡을 발효시키는 과정에 유산균과 당근, 콩, 버섯 등에 많은 난소화성 탄수화물(유익균의 먹이)을 첨가한다. 이를 활용해 프리바이오틱스와 기능성 식품으로 개발하는 것이 그 시작점이다. 유산균의 증식 과정에서 생성되는 대사생성물인 포스트바이오틱스는 덤이다. 약식동원(醫食同原)이라는 한식의 중심 철학에 맞닿는다. 맛있는 음식을 먹었을 때의 행복감만큼이나 먹고 나서 몸이 편안해하는 음식이 있다면 나는 그것이 최상의 음식이라고 생각한다.

둘째로 전 세계에 수출하고 싶다. K-BREAD라는 이름으로 한국적인 빵(발효떡)문화를 전파하고 싶다. 프랑스를 대표하는 빵으로는 '크로아상'이 있다. 한국을 대표하는 한국적인 빵, 'K-BREAD'를 대표하는 '기정떡'을 만들고 싶다. 기존의 빵은 유럽이나 일본을 통해 들어온 형태 그대로에 가깝지만 수증기로 찌는 건강한 방식이 가져다주는 이점을 강조한 한국형 쌀빵은 새로운 형태의 건강빵을 찾는 수요자들이 관심을 갖기에 충분하다고 생각한다. 다양한 재료의 결합과 형태의 변화로 많은 요리사들의 다채로운 시도가 이루어졌으면 하는 바람이다.

셋째로 튀긴 기정떡, 소스 첨가, 발효음료를 곁들이는 등의 응용 요리로 HMR로 개발하거나 프랜차이즈화하는 것이다. 대중이 찾아주길 기다리기보다 적극적으로 다가가는 방법이다. 간편하게 전자레인지를 이용해 떡을 데우고 샐러드와 소스를 곁들이면 맛있는 간식이 될 수 있다. 기정떡을 가장 맛있게 먹는 방법은 버터 등의 기름에 굽는 방식이다. 구워지면서 남아 있던 소량의 발효취가 증발하고 고소한 기름의 향이 입혀지면 최상의 맛이 나온다. 이것에 토핑을 올려 토스트, 샌드위치, 버거 등의 다양한 형태로 만들 수 있다. 커피나 음료를 곁들여 세트메뉴 판매를 구상하고 있다.

한류 타고 가자, 'K-BREAD'

나는 기정떡의 가능성을 본다. 기정떡은 발효 과정을 거치기 때문에 조직이 치밀하지 않아 먹었을 때 속이 편하고, 질기거나 단단하지 않고 부드러운 식감이다. 기포 자국의 구멍이 있어 소스를 발라도 잘 스며들고 식빵처럼 포근한 감촉도 있으면서 쌀로 만들었기 때문에 특히 한국인들에게 소화가 잘되는 음식이다.

빵에는 수분이 많이 들어가지 않는다. 대신 기름이 많이 들어간다. 올리브유를 넣으면 그나마 낫지만 대부분 버터나 마가린, 쇼트닝 등이 들어간다. 그만큼 칼로리는 높을 수밖에 없고 몸에서 소화되기 좋은 구조도 아니다. 반면 기정떡에는 기름 대신 물이 들어간다. 밀의 글루텐도 들어가지 않으니 빵보다 훨씬 소화가 편하다. 예전부터 추구했던, 먹는 사람의 소화기관이 열광하는 바로 그 음식이다.

과거에는 바닷물의 흐름, 즉 조류가 해양문화경제의 흐름이었다. 삼각돛이 발명되기 이전 긴 세월 동안 큰 힘을 들이지 않아도 조류에 배를 띄우면 어느새 큰 바다 건너 다른 대륙으로 도착할 수 있었다. 증기기관이 탄생한 이후 더는 조류의 의미가 없어지고 이제는 강한 나라에서 약한 나라로의 새로운 흐름이 나타났다. 군사, 문화, 정치, 경제는 한 몸으로 이어지며 국가에서 국가로 퍼져나가는 이 조류는 이제 단순히 바닷길만을 의미하지 않는다. 항공, 육로, 바닷길, 그리고 인터넷망을 넘어 블록체인기술로 퍼져나가는 흐름이다.

한류라는 말이 생소하게 여겨지던 2000년에서 벌써 20년이 넘게 흘렀다. BTS로 대변되는 대중음악뿐 아니라 K-DRAMA, K-FOOD가 이제는 세계 시장에서도 어색하지 않다.

한번 형성된 흐름은 쉽게 변하지 않는다. 옛날 바닷물의 흐름을 타고 쉽게 다른 대륙으로 건너다니며 교류했듯이 이 흐름을 타면 예전보다 쉽게 먼 곳에 한국의 것을 전파할 수 있다. 한류라는 의미는 한국에서 타국으로 퍼져나가고 있는 종합적인 흐름이다. 이제 김치를 필두로 한국적인 음식문화가 주목받는 시기다. 잊지 말자. 가장 한국적인 것이 가장 세계적이다.

기정떡은 쌀을 주식으로 하는 아시아권 나라들은 기본이고 밀에 알레르기가 있는 유럽, 미국 등지의 사람들도 잠재 고객이다. 한국에 관한 관심이 어느 때보다 높은 이때, 한국의 기정떡이 세계 속에서 인기 있는 간식으로 자리매김하는 그날을 꿈꾸며 오늘도 난 떡을 발효시킨다.

필자는 약한 몸이라는 태생적 약점을 계기 삼아 건강하고 소화 잘되는 음식을 연구하고 그것을 직업으로 연결시켰다. 현재 소상공인으로써 부딪힌 한계에 머물지 않고 새로운 가능성을 고민하며, 계속 배우고 더 나은 방향을 찾아 길을 나서고 있다.

또한 우리다운 전통을 분석해 그 문화에 숨겨진 이야기를 발굴해 교훈을 얻고 나아가 미래의 바른 음식문화를 연구하는 사람으로 성장하려고 한다.

요식업 월 1,000 사장님의 비법 노트

1. 인생 2막, 누구나 처음은 자영업자로 시작

2. 좋은 경영자가 되기 위한 고민들

3. 꼬리에 꼬리를 무는 궁금증

4. 안정적인 창업을 위한 마지막 조언

백경흠

창업 백선생

백경흠 / 창업 백선생

◇ 경력 및 이력

前 신세계그룹 IT 업무 담당

前 한빛부동산 대표

前 법무부 범죄예방위원

前 한국공인중개사 방송국 전문위원

前 문재인 캠프 부동산 정책특위 부위원장

마포구 소재 너랑나랑호프 음식점 대표

열린사이버대학교 금융자산학과 특임교수

◇ 이메일

khbaek4464@gmail.com

집필동기

한 가지 직업만으로 평생을 살기엔 길어진 평균수명! 인생 2막은 누구에게나 찾아오고, 준비된 창업만이 성공으로 연결된다.

SNS 마케팅의 힘으로 이제 오프라인에서도 전통적인 관점의 '좋은 자리'라는 개념이 사라졌다. 꼭 좋은 자리가 아닌 곳에서도 영업을 잘하고 있는 매장을 어렵지 않게 찾을 수 있다.

보수적이며 꽉 막힌 생각으로 세상을 살아오다가 자영업이라는 괴물을 만나서 성격과 태도를 바꿔가며 사회에 적응 중이다. 회사에서는 갑질을 했지만, 자영업에서는 만년 을로 살고 있다.

현재는 어려웠던 사업 초기를 벗어나 SNS에서 어느 정도 인지도를 가진, 작지만 강한 매장을 운영하고 있다. 하지만 나 역시 처음에는 '내가 잘 해낼 수 있을까?' 수없이 고민하며 흔들리기도 했다. 쉽게 생각하고 시작했던 창업은 해나갈수록 만만치 않다는 것을 경험하며 불안했다.

중소기업청 소상공인 진흥원의 조사에 따르면 2년 이내 폐업률이 약 84%에 이른다고 한다. 음식점 창업에 관해 고민하는 분들을 위해 브랜드와 마케팅을 접목하여 SNS에서 입소문 나는 가게로 만든 저자의 경험을 이 글을 통해 생생하게 나누고자 노력했다.

먼저 창업해본 나의 경험이 어려운 시기에 음식점 창업을 준비하는 분들께 좋은 길잡이가 되길 바란다.

1

인생 2막, 누구나 처음은
자영업자로 시작

~~~~~~

웃어라, 온 세상이 너와 함께 웃을 것이다.

울어라, 너 혼자 울 것이다.

- 엘라 윌러 윌콕스, 「고독」

인생 초반부를 인도했던 컴퓨터

중학생 시절부터 컴퓨터에 푹 빠졌다. 수업 시간에도 프로그램 짜
는 생각만 하며 학교와는 점점 더 멀어졌다. 아버지와는 대학진학 문
제로 격렬히 부딪히며 질풍노도의 시기를 보냈다. 대학을 안 가는 대
신 고등학교만 마치는 것으로 합의를 했다. 고등학교를 졸업하던 날,
'꼭 컴퓨터로 성공을 해보리라' 하며 다짐을 했다.

의욕이 충만했던 이십 대 초반에 몇 권의 컴퓨터 관련 서적을 쓰고 성취감을 느꼈다. 내 인생은 컴퓨터와 평생 함께할 것이라고 생각했다.

아버지는 무뚝뚝하고 건조한 사람이었다. 담배와 술을 특히 좋아하셨다. 그 좋아하던 기호품을 끊게 된 건 아버지의 건강이 악화한 45세 무렵이었던 것 같다. 2년여의 투병 끝에 아버지는 간암으로 돌아가셨다. 그런 이유로 나는 담배를 안 피웠고 술은 정말 가끔 마셨다. 아버지와는 좋은 추억이 많지 않았지만, 나이가 들어가며 그리워하게 되는 건 어쩔 수 없나보다.

고졸인 상태로 중소기업에 취업했다. 일반 회사에서 할 수 있는 일은 학력과 별반 연관은 없었다. 특히나 컴퓨터로는 별로 할 일이 없던 시절이었다. 결국 경력을 인정해준 회사에 입사했다.

회사는 생각보다 학연과 지연이 중요했다. 몇 개의 컴퓨터 언어를 아는 것, 책을 몇 권 쓴 정도가 큰 의미가 없다는 것을 몇 번의 승진 누락을 통해 알게 되었다. 아버지에 대한 미움과 건강관리에 대한 생각으로 술, 담배를 안 하던 나는 동료들과의 담배 타임에서 빠지고 바보같이 일만 하던, 존재감 없는 사람이었다.

인생 2막은 공인중개사?

무료한 회사생활을 하고 있을 때 계속 머릿속을 떠나지 않던 생각이 있었다.

'이 회사에서 몇 년을 더 일할 수 있을까?' 직장인이라면 누구나 하는 그런 고민이었다.

그날 이후로 자격증을 수집하며 좋은 회사로 이직하는 상상을 했다. 업무와 연관된 자격증을 비롯하여 건축물의 시설과 연관된 자격증도 따고, 아무거나 닥치는 대로 공부했다.

더 좋은 환경으로의 이직을 상상하며 살던 그때, 눈에 들어온 것이 있었다. 바로 공인중개사 자격증이었다. 집은 의식주 중의 하나이고, 자격증이 있으면 나중에 부동산을 차려서 일해도 되니 말이다. 주변에 돈을 많이 벌었다는 부동산 성공 투자 이야기를 들으면 조바심이 났다.

그 후로 1년을 더 회사에 다녔고, 퇴근 후에는 공인중개사 1차 시험 공부를 열심히 했다. 회사에서 끝나자마자 열심히 15분 거리에 있는 학원까지 뛰어가며, 중간에 있는 분식집에서 매일 김밥 한 줄을 샀다. 저녁 7시부터 밤 11시까지 빈속으로 강의를 듣기엔 꽤 출출하기 때문이다.

김밥을 사고 다시 학원까지 뛰었다. 뛰는 내내 목이 메는 김밥을 먹으며 때론 한 손에 우산을 들고 또 한 손엔 비를 맞아 초라해진 김밥을 쥐어뜯으며 학원까지 달려도 매일 지각이었다. 말이 여섯 시 퇴근이지 빨라도 여섯 시 반에나 퇴근하는 회사생활이었기에 지각을 면할 수가 없었다.

내 시간이 없이 일과 공부만으로 고통스러운 1년을 보낸 후 회사를 퇴사했다. 주변 사람들에게 알리지 않고 퇴사를 했는데, 주변 사람들 모두 놀라며 뭐 해서 먹고살 거냐고 걱정을 했다.

'그러게… 나도 걱정이네. 잘되겠지, 뭐.'

회사 밖은 난리통, 나는 1년에 몇 억씩은 벌 줄 알았지

우여곡절 끝에 2차 시험에 합격해서 부동산을 개업했다. 부동산 사무실의 운영은 생각보다 배울 게 많았다. 학원에서 배운 건 자격증을 위한 것이었고, 실제 현업에서는 현실적인 내용에 관한 공부와 바뀐 부분에 대한 내용을 잘 알아야만 했다.

일을 하는 중 직접 돌아다니면서 본 동네의 특성은 다른 동네와 별반 다르지 않았다. 시장이 있는 곳의 대로변 상가 시세가 비쌌고, 전철역이 있는 지역의 주상복합이 비쌌다. 조용한 주택가는 그 나름의 장점이 있고 후미진 골목은 그만큼의 가격을 했다. 상가 투자에 관한 오프라인 강의를 여러 개 들으며 상가에 대한 이해와 입지에 대해 많이 공부했던 시기였다.

적자가 났다.

부동산은 중개수수료를 두세 달 후에 받는다. 모든 직업이 다 그렇겠지만 부동산도 상위 20%가 독식하는 그들만의 리그였다.

순진하게 일찍 문 열고 늦게까지 자리를 지키면 절로 손님들이 찾아줄 것이라고 생각했다. 이런 생각 자체가 그 업종에 대한 이해 부족이었다.

인근 부동산 업체들이 모두 볼 수 있는 전산망에 매물을 등록했다. 한자리에서 오랫동안 일해서 동네 터줏대감인 부동산은 대략적인 물건의 위치와 평수만 보고도 알아채고 물건을 빼앗아간다. 수년간 같이 중개업을 하며 친목을 다지던 사람들 틈에서 의욕만으로 시작해봐야 큰 진전이 없는 이유이기도 했다.

부동산은 일반적인 사업의 수익구조와 달리 1등만 수수료를 받을 수 있는 구조이다. 계약하지 못한 2등 부동산들은 그냥 그날 하루 공치고 의미 없는 하루를 보내게 된다. 들어오는 손님 하나하나에 최선을 다하지 않으면 2등이 되고 또한 수입도 0원인 것이다.

먹는 것만 전문인 사람이 음식점을 차리면 생기는 일

음식점을 차렸다.

음식점은 개업 초반 '오픈빨' 기간에 아는 사람들이 찾아온 게 다였고, 그 후론 간신히 월세만 건지고 인건비만 챙길 정도로 상황이 좋지 못했다.

고작 2년 정도 음식점에서 일했었던 누나에게 음식점을 운영해보라고 맡겼다. 가게에 가끔 들를 때면 누나로부터 온갖 원망을 다 듣고 싸우기도 했고, 부동산과 음식점을 다 폐업해버릴까 하는 생각도 했다.

나 스스로 돌아보면 손님으로밖에 간 적이 없고, TV에서 보던 게 다였다. 전혀 생소한 분야인 음식점에 대한 이해 없이 막연히 잘할 수 있을 거라고 생각한 게 문제의 시작이었을지도 모른다.

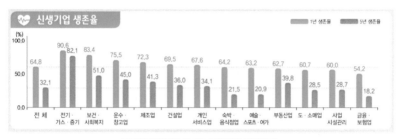

통계청이 발표한 「2021 기업생멸 행정통계」

위의 그래프를 보면 무모한 일을 벌이는 사람들이 상당히 많다는 것을 알 수 있다. 범례 중 음식점업을 보면 5년 생존율이 약 20% 정도임을 알 수 있다. 사실 특정 연도에 국한된 게 아니라 오랫동안 일정하게 유지되고 있는 유의미한 수치다.

자영업자 중 상위 5~10% 정도만 원하는 정도의 수익을 내고, 상위 20~30% 정도는 점포를 운영할 수 있을 정도의 수익을 낸다. 나머지 60%는 현상 유지 정도이거나, 폐점 또는 전업을 고민 중인 경우가 많다. 다른 업종들도 그렇겠지만 코로나로 인해 영업 제한이 본격화된 2020년 3분기부터는 어려움을 겪고 속이 타들어가는 사업장이 대부분이었다.

2

좋은 경영자가 되기 위한
고민들

당신이 자신의 비즈니스를 이끌지 않으면 그것이 당신을 이끌 것이다.

- 벤자민 프랭클린(Benjamin Franklin)

늘 놓여 있던 항아리가 도자기인 걸 알게 된다면?

동네에서 전집을 하던 사장님이 있다. 그 매장의 효자 메뉴는 육전과 감자전이었다. 우리 매장 매출보다 두 배나 많은 매출을 올리고 있는 매장이었다.

그 매장에 인사차 방문 후 몇 가지 음식을 맛보고 돌아와서 전집 사장님의 메뉴에 대해 누나와 치열하게 의견을 나눴다. '맛이 어땠다'부터 시작해서 '우리도 차라리 전집으로 바꿔볼까'라는 의견까지 나왔고, 육전을 메뉴에 올려보고 가능성이 있는지 확인해보기로 했다.

가게 인근에 있는 정육점에서 육전용 고기를 사 와서 시험 삼아 몇 번을 구워봤다. 정육점 몇 곳을 통해 확인해보니 육전에는 소고기 중에서도 홍두깨살과 치마살을 많이 사용한다고 했다. 그 부위들로 다시 육전을 부치고 냄새를 잡고 맛을 더하고 인터넷에서 레시피를 확인하는 작업들로 한 달 정도가 소요됐다. 그렇지만 막상 육전을 시작하니 젊은 손님들이 호기심에 시켜볼 뿐, 주문량이 그다지 증가하지는 않았다.

그러던 어느 날, 손님이 육전과 같이 먹을 수 있는 김치나 다른 반찬이 있는지 물은 적이 있었다. 그것에서 힌트를 얻어 우리가 먹어보니 전과 김치는 궁합이 좋았고, 기름진 맛을 잘 잡아주었다. 그날 이후 배추김치를 같이 곁들임으로 냈더니 손님들의 반응이 나타나기 시작했다.

다만 우리의 고민은, 직접 배추김치를 담그기에는 일손이 부족하다는 것이었다. 그리고 배추김치는 아무 곳에서나 흔히 먹을 수 있는 것이라서 육전과 함께 제공한다는 것은 특별한 매력이 느껴지지 않았다.

몇 번의 자체 테스트 결과, 갓김치와 파김치를 제공하는 것으로 결론을 내리고 열심히 김치를 담그기 시작했다. 호프집에서 김치를 담그는 것 자체가 보기 드문 장면인 데다, 매장 곳곳에 김치통이 놓여 있으니 손님들의 질문이 계속됐다.

"사장님, 쭈그리고 뭐 해요? 뭔 통이 그렇게 많아요?"

"우리 애기들 먹으라고 김치 담은 겨. 맛 좀 볼 텨?"

"아니, 뭔 호프집에서 김치를 담가요? 줘보세요. 맛 좀 보게."

"이게 육전 시키면 나가는 김치여. 이건 갓이고 요건 파김치고. 워
떠, 괜찮은겨?"

"우와, 맛있네. 사장님 고향이 혹시 전라도예요?"

"아니, 충청돈데?"

"우리 엄마가 전라도 사람인데 딱 그런 맛이거든요."

"그랴? 맛나면 육전 시켜 묵어. 육전 시키믄 주니께. 허허허."

"사장님, 김치는 따로 안 팔아요?"

"지금도 힘들어 죽겠어. 김치는 따로 안 파는데 친해지믄 걍 주께."

그때부터였다.

동네에 이름 없던 흔하디흔한 호프집이 SNS상에서 해시태그가 달
리며 유명해지기 시작할 무렵이었다.

세력다툼 그리고 발전

그런데 해결해야 할 문제가 너무 많았다. 테이블 수는 6개인데 손님
의 대기가 너무 길어지는 것이었다. 음식도 늦게 나오고, 손님은 기다
리다가 가고…. 지쳐가던 누나의 SOS 요청으로 부동산을 접고 본격적
으로 요식업의 세계로 뛰어들었다.

가장 먼저 한 것은 누나와의 세력다툼이었다. 나는 매장 전반의 운영을 맡기로 하고 누나는 주방을 맡는 것으로 영역을 정했다.

하지만 주방은 열악했다. 고작 10평짜리 매장에 주방이라고 해봐야 2평 남짓. 그나마도 가스레인지는 영업용을 놓을 공간이 부족해 가정용을 사용하고 있으니 화력이 약해서 음식을 빨리 처리하기 어려운, 정말 열악한 환경이었다.

내가 파악한 문제의 개선순서는 첫째, 음식 조리 시간. 둘째, 홀 서빙 공간 부족. 셋째, 고객 대기시간 줄이기.

위 3가지 문제는 아래처럼 처리했다.

음식 조리 시간 단축

일단 모든 메뉴에 들어가는 내용물을 계량화해서 레시피를 만들었고, 염도 측정, 조리 시간을 확인했다.

주방장을 1명 채용했다. 음식별로 들어가는 내용물을 합쳐서 소스로 만들 수 있는 것들은 소스화해서 내가 직접 50인분 정도씩 미리 만들어두었다.

누나에게는 주방장에게 모든 레시피를 알려주라고 했다. 그 후 나는 누나의 엄청난 저항에 맞닥뜨려야 했다. "매장을 통째로 넘겨주자는 거냐? 그럴 순 없다"라며 며칠간 다투고 결국 설득 끝에 누나는 의견을 수용했다. 설득 포인트는 모든 소스와 김치를 내가 관리하고 있으니 매장을 뺏길 일이 없다는 것이었다.

효과는 대단했다.

전에 누나 혼자서 만들 때는 골뱅이무침이 나오려면 14분이 걸렸는데, 바뀐 방법대로 일을 처리하니 완전한 메뉴가 나올 때까지 약 6~7분 정도로 시간이 확 줄게 되었다.

비단 골뱅이무침뿐만이 아니었다. 거의 모든 메뉴의 조리 시간이 절반 가까이 단축되었고 13분 이상의 시간이 걸리는 메뉴는 과감히 정리했다. 냉장고를 효율적으로 사용할 수 있었고 대기시간이 짧아지게 만드는 방법이었다.

홀 서빙 공간 부족

제한적인 홀의 면적을 늘릴 수 없어서 출입문 쪽에 2인용 테이블 하나를 추가로 놓았다. 지나다니는 것은 다소 힘들어졌지만, 어차피 출입구 쪽이라 큰 문제는 아니라는 판단으로 테이블을 놓았다. 작은 자리지만 연인들에게는 문제가 아닌 듯했다.

평균 테이블 단가가 5만 원인 것을 감안하면 큰 공간을 얻었다고 생각한다.

고객 대기시간 줄이기 = 회전율 높이기

소스화를 하고, 주방에 늘어난 인력이 각각의 음식을 하게 되면서 시간이 절약되었다. 결과적으로 테이블의 회전수를 늘리게 되었으며 수치상으로는 약 30% 정도의 이익이 늘었다.

이때 가장 어려운 결정도 하게 되었는데 손님들의 이용시간에 제한을 두게 된 것이었다. 대기가 없을 때는 무제한으로 이용해도 되나, 늘어나는 고객을 공평하게 수용하기 위해 대기 고객이 있을 때는 2시간 30분이라는 이용 시간이 있음을 벽면에 고지했다.

매일 매출이 최고치를 경신하며 기록을 세워나갔다. 매출이 올라가는 걸 보며 장사의 본질에 대해 고민을 하기 시작했다.

'손님들에게 즐거운 공간을 제공하고 우리는 그것으로 돈을 번다'라는 생각에 이르렀고, 나와 손님 사이를 좀 더 가깝게 하고 즐거운 공간으로 만들 방법들을 고안하기 시작했다.

음식점에서 음식이 아닌 것에 집중하다

매일 어떻게 하면 고객 만족을 넘어서는 고객 감동을 선사해서 매장을 재미있게 만들까 고민을 했다.

단골손님의 재방문율을 높이는 것은 매장 운영의 핵심이다. 요식업의 대명사인 백종원 대표는 '음식점은 맛이 30%, 분위기가 70%'라고 자신의 경험을 이야기했다.

분위기는 단순한 인테리어를 말하는 것이 아니다. 즉, '그 매장에서만 느낄 수 있는 독특한 매력'을 말하는 것으로 각각의 매장과 인력 구성에 따라 다르게 적용될 수 있다.

내가 적용한 방법을 바탕으로 정리해보았다.

첫 번째, 일단 자주 방문하는 주 연령대를 파악한 후, 그 연령대의 감성을 건드리는 음악을 틀어라. 우리 매장에 오는 주요 연령층은 30대이다. 그들이 가장 많이 듣는 노래를 조사하여 그들만의 감성을 공유할 수 있는 음악을 매장에 흘러나오게 했다. 술을 마시면서 일행들과 노래를 따라 부르기도 하고 노래에 얽힌 이야기도 하며 술을 마시게 된다. 적당히 편안한 분위기를 만들어주는 것이다. 조용히 노래를 따라 부르거나 대화 중에 "이따 끝나고 노래방 갈까?"라는 소리가 들리면 이건 성공이라고 볼 수 있다. 그리고 음악은 수시로 분위기를 보고 매장에 온 손님의 연령대에 맞춰서 조금씩 변화를 줄 필요가 있다.

두 번째, 생일 이벤트다. 당연한 이야기지만, 우리는 매사에 진심으로 손님을 대한다. 생일인 친구를 축하해주러 오는 손님들이 있었는데 그 손님들에게 두 가지 이벤트를 제공했다. 하나는 회전하며 펼쳐지는 생일초였고, 다른 하나는 매장에서 볼륨을 크게 해서 생일 축하 음악을 틀어주고 박수를 쳐주는 것이었다. 손님들의 반응도 제각각이어서 부끄럽다며 얼굴을 못 드는 사람이 있는가 하면, 많은 이들의 축하를 온몸으로 즐기며 자리에서 일어나 감사를 표시하는 사람도 있다. 나 역시도 매장 직원들이 영업 중에 사장님 생일이라고 똑같이 해준 적이 있었는데 주변 사람들이 하나도 안 보일 정도로 너무 좋은 기분을 경험했다. 이런 이벤트는 살면서 평생 기억 속에서 함께하게 된다. 예전 패밀리 레스토랑의 그것과 비슷한 것인데 시범적으로 운용해본 결과 상당히 뜨거운 반응이어서 유지하고 있다.

사소하지만 눈에 안 띄는 영업적 노하우들이다. 직장생활을 할 때 유통과 관련된 내용뿐 아니라 영업에 대한 교육이 수시로 있었다. 그때 알게 된 것들에서 힌트를 얻었다. 때로는 일상 속에 숨겨져 있던 작은 것들이 빛을 발하기도 한다.

3

꼬리에 꼬리를 무는
궁금증

오랫동안 땅에 엎드려 있던 새가 한번 날기 시작하면 높이 난다. 이와 마찬가지로 사람도 힘을 기르는 기간이 길면 길수록 한번 일어선 후에는 힘차게 활동하게 된다. 먼저 핀 꽃은 먼저 진다. 남보다 먼저 공을 세우려고 조급하게 서둘지 말라. 사업의 생명이 오래 유지되려면 준비 기간도 그만큼 길어야 한다.

－채근담

내 성격은 장사에 맞을까?

본인의 성격이 사주에 들어 있다는 말이 있다. 예전엔 사람을 혈액형으로 분류하고 동질감을 느끼던 것을, 요즘은 MBTI로 사람의 성격

유형을 분류하는 시대다. 같은 말을 했을 때 성격이 내성적인 사람은 작은 것에도 상처를 잘 받지만, 외향적인 성격은 거의 신경도 쓰지 않는 경우를 자주 본다.

장사도 별반 다르지 않아서 성격과 적성에 맞는 업종이 따로 있다. 가령 활발히 움직이고 사람들 만나는 걸 좋아하는 사람이 온종일 주방에 혼자 서서 만두를 빚는다고 하면 지루해서 못할 것이다. 또는, 스스로 옷을 센스 있게 입지 못하는 사람이 옷 장사를 한다고 하면 그 매장이 과연 잘될까? 이렇듯 장사라는 것은 자신의 성격과 성향에 잘 맞아야 하고 내가 앞으로 하려고 하는 분야에 잘 맞는지 확인하는 것이 중요하다.

장사하는 사람 중에는 성격이 두루뭉술한 사람들이 많다. 애초에 그런 성향의 사람도 있고, 또는 그렇게 훈련되는 사람도 있을 것이다. 두루뭉술하다는 표현은 얼렁뚱땅 대충이라는 게 아니다. 길거리에서 붕어빵 5천 원어치를 샀을 때 주인이 "한 마리는 서비스예요"라며 건네주는 것에 고마움을 느끼고 단골이 되기도 한다.

이런 것이 바로 노하우인 것이다.

일전에 있었던 예를 하나 들자면, 저장고에 있는 냉장고의 상태가 이상해서 AS를 불렀고 그 결과 유상으로 8만 원의 비용이 발생했다. 대부분은 카드로 매출을 남겨서 증빙을 하든가 세금 부분에서 반영을 받으려고 할 것이다.

그런데 누나는 계좌로 입금해도 되냐고 묻고 그냥 개인 계좌로 송금을 해주었다.

"결제는 어떻게 해유?"

"카드도 되고 계좌이체도 됩니다."

"어떤 게 편하세유?"

"저야 당연히 계좌이체가 좋죠. 제 명함 뒷면에 있는 계좌로 보내주시면 되구요. 부품비에서 제 출장료는 빼드릴게요."

"기사님 돈 들어갔쥬? 담에도 궁금한 거 있음 연락드릴게유. 그때두 잘해줘유."

"네, 당연히 잘해드리죠. 혹시 고객만족 전화 그런 거 오면 잘 부탁드릴게요. 고맙습니다."

왜 그렇게 했냐고 물으니 결과적으로 출장비를 안 받고 수리비용만 청구했고, AS 기사는 적당히 돈을 챙겼을 테니 서로가 이익이란다. 또한, 나중에 고장 나서 연락하면 또 현금을 줄 것이라는 생각에 빨리 오고 잘해줄 것이라고 말하는 게 아닌가!

내가 보는 장사꾼은 이런 사람이 아닌가 싶다.

우리 매장은 육전을 주문해야 파김치와 갓김치를 제공하고 있다. 그게 원칙인데 손님 중에는 딴 메뉴들을 먹고 그 가격이 이미 육전보다 높으니 김치를 달라고 하는 사람들이 있다.

매번 이 문제로 실랑이를 벌이면 사실 기분이 좋지 않다. 그런데 이럴 때에도 예외가 있는데, 단골이 아니어도 우리에게 호의를 보이는 사람이거나 먼 곳에서 온 사람들인 경우가 그렇다. 이건 원칙의 문제라기보다는 운영의 묘가 아닌가 싶다. 아직도 생각이 유연하지 않고 1+1=2라고만 생각하는 사람은 편의점처럼 정해진 가격으로만 판매하는 업종에서 일하는 것이 스트레스를 덜 받는 지름길이다.

사장님의 한 끗 차이

어느 곳에서 일해도 인간성이 좋은 사람들은 표시가 난다. 또한 반대의 경우도 마찬가지다. 손님 중에는 반말로 주문을 하는 경우가 가끔 있다. 솔직히 기분 좋은 경험은 아니지만, 워낙 나이 차가 많이 나는 어르신들이 그렇게 한다면 이해하고 넘어갈 수 있다.

비슷한 또래거나 어려 보이는 사람이 그런다면 그건 기분이 나쁠 수도 있는데, 나의 경우는 '내가 좀 동안으로 보였나?' 이렇게 생각하고 만다. 반말로 주문하는 손님을 기분 나쁘지 않게 대해주면서 같이 온 일행들도 그렇게 느끼게 할 수 있다면 좋은 응대 스킬일 것이다.

장사를 오래 하면 나이나 호칭, 가격 그런 것들은 점차 잊게 되고 편안해지는 시기가 온다. 그럴 때 우리는 그런 사람을 장사꾼이라고 부른다.

손님의 컴플레인을 대하는 자세도 위와 마찬가지인데, 그냥 미안하다고 입으로만 이야기하는 것과 진심이 전달되는 것은 차원이 다른 문제다. 손님들을 진심으로 대하면 그 마음이 느껴지고 인간적인 친구가 되고 단골이 된다.

이렇듯 사람을 대하는 장사에서는 주인의 마인드가 상당히 중요한 요소가 된다.

마음에 드는 점포를 얻으면 끝?

매장을 얻는 방법에는 몇 가지가 있다. 가장 흔한 방법으로는 해당 지역 부동산에 물건을 의뢰해서 확인하고 계약서를 쓰는 것이다. 또는 프랜차이즈 본사에 가맹 계약을 하고 신규 출점이나 승계창업의 형식으로 하는 방법이 있다. 프랜차이즈를 이용하면 대개는 점포개발 팀에서 입지분석을 해주고 예상 가능한 매출이나 출점할 장소를 대략적으로 알려주게 된다.

하지만 이것은 데이터상의 숫자일 뿐 실제로 어떨지는 뚜껑을 열어봐야 알 수 있는 부분이다. 경쟁이 없고 독점적인 입지라고 해서 신도시로 막 개발된 곳에 들어가게 된다면 주변 상권이 무르익을 때까지 혼자 엄청난 고생을 하게 될 수도 있다.

업종을 고르고 입지를 골랐다면 후속 작업으로 인테리어 공사와 매장 상호를 정하는 부분도 진행해야 한다. 인테리어는 내가 직접 하는 방법과 전체를 다 맡기는 방법, 또는 반만 맡기고 업체별로 각각 불러서 단가를 싸게 해서 하는 방법이 있다.

가장 애착이 많이 가고 나중에 문제가 생겼을 때 확인하기 좋은 방법은 내가 직접 공사를 하는 것이고, 그렇지 않다면 업체에 반 정도만 위탁을 하고 나머지는 내가 진행하는 게 그 다음으로 좋다.

영업 중에 문제가 있어서 처리해야 할 때, 내가 직접 인테리어를 했다면 원인과 해결책을 빠르게 찾아낼 확률이 높다.

부동산 계약은 잘했나

요즘 1층 상가에 빈 점포를 많이 보게 된다.

왜 비었을까? 왜 장사가 잘 안됐을까? 비었다면 권리금을 받았을까?

아니다. 빈 점포는 거의 권리금을 포기한 상태인 것이다. 그 와중에 내부까지 정리한 곳들은 건물주와의 계약 시 원상복구에 대한 부분을 이행했기 때문에 추가 비용이 더 들었을 것이다.

부동산 계약 시 계약 기간과 승계하는 기간이 있는지, 환산보증금은 잘 되어 있는지, 월세 이외에 관리비가 지나치게 부과되는 것은 아닌지 등에 대한 충분한 확인이 필요하다. 지방에는 생각보다 도시가스가 안 들어오는 곳들도 제법 있어서 시설비가 엄청 많이 드는 곳도 있다.

계약서의 한 줄은 때론 목숨을 살리고 죽일 수도 있는 큰 역할을 한다. 반드시 유의하여 확인해야 할 사항은 다음과 같다.

하나는 건물의 용도와 위반건축물(불법건축물) 여부다. 내가 하려고 하는 업종에 맞는지, 학교와 가까워서 허가가 나지 않는 지역은 아닌지, 불법건축물로 등재되어 영업상 불이익은 없는지를 확인해야 한다. 음식점의 경우 정화조 용량을 확인하지 못해서 인허가가 나지 않아 골치가 아픈 일이 생길 수 있다.

위반건축물은 부동산 사무실에서 건축물대장 열람을 통해 확인이 가능하다. 일반적인 자유업은 문제가 없으나 신고 등록 허가 업종의 경우 영업신고증이 나오지 않을 수 있다. 영업허가증 승계의 경우는 문제가 없으나 영업허가증을 이미 말소해버렸거나 신규로 발급받는 경우는 문제가 될 수 있다.

외식업체를 승계취득의 형태로(권리금을 주고 가게를 얻는 등) 인수하게 되는 경우에는 계약서를 쓰기 전에, 또는 늦어도 계약서 쓰는 날에 해당 구청에 전화를 해봐야 한다. 구청 위생과에 전화를 해서 해당 업체의 행정처분 이력이 있는지 확인을 해야 한다. 경우에 따라서는 내가 업소를 인수받고 나서 행정처분의 효력이 발생할 수도 있다는 것을 명심해야 한다. 공무원과 통화 시에는 해당 통화를 녹음하고 담당자의 이름을 꼭 확인해야 문제 발생 시 대처가 쉽다.

별것 아닌 것 같지만 가장 많은 사람이 쉽게 당하는 부분은 건물의 리모델링과 매매, 재건축 등이다.

실제로 동네에 있었던 사례를 하나 소개해본다. 40평 정도의 일반 음식점이 영업 중이었는데 3천만 원의 권리금이 있었다. 매장을 얻으려고 접촉하다 보니 옆집 사장님이 화장실이 자주 막히고, 그때마다 적지 않은 돈이 들어간다고 만류했었다.

그리고 건물주와 만나서 의향을 전달하니 자기가 거래하는 부동산이 있다고 그쪽에서 계약서를 쓰면 된다고 해서 전화를 했다. 부동산 사장은 대뜸 그 건물은 매매와 신축 둘 다 진행 가능한 물건이고 모든 권리금은 포기해야 할 것이라고 이야기하며 계약서에도 5년 안에 매매와 재건축이 가능하다고 기재한다고 했다.

막상 2년만 영업을 하려고 인테리어를 하는 사람은 없을 것이다. 인테리어 비용이 많이 들어갈수록 임대차 기간을 길게 하길 원할 텐데 5년 안에 매매와 재건축이 가능하다고 써두면 그 다음 사람에게 권리금을 받고 매장을 넘기기가 거의 불가능해진다.

혹시 중간에 재건축이라도 하게 된다면 건물을 새로 짓는 동안은 무얼 하란 말인가? 나는 위 물건에 변수가 많고 나중에 법률적인 다툼의 여지가 있다고 봐서 계약하지 않았다.

모든 물건이 그렇듯 싸고 좋은 매장은 아주 드물다. 발품을 파는 시간만큼 안목도 높아지고 가격도 적당해진다. 기왕이면 권리금이 아예 없는 곳보다는 형성된 곳을 추천한다.

배달은 기본으로 해야겠지?

코로나로 전 세계 배달 시장이 활성화되고 몇 배로 몸집을 키웠다. 배달만 전문적으로 하는 몇 평 안 되는 매장에서 월간 억대 매출을 올린다는 이야기도 심심치 않게 들려온다. 오토바이 라이더 중에는 월 800만 원 이상의 수익을 가져가는 경우도 있다고 한다.

그럼 배달을 하는 게 맞을까? 안 해야 할까?

이건 간단한 문제가 아니고 업종마다의 특징이 있다. 배달로 많은 매출을 올릴 수 있는 업종이라면 다음 내용을 잘 살펴보길 바란다.

배달 플랫폼 이용료, 오토바이 이용료, 오토바이 플랫폼 이용료, 영업비(깃발), 일회용기 등이 배달에 필요한 구성 요소들이다.

시장은 통상 배민1과 쿠팡이츠 등의 단건 배달과 나머지 일반 배달이 있고, 물건을 받는 속도로 그 장점이 나뉜다. 뜨거운 음식이나 국수처럼 붙는 음식이라면 단건 배달이 유리할 것이다.

하지만 전체 판매가 중에 약 20%에 해당하는 비용을 배달료로 내고 나머지에서 마진을 취한다고 하면 과연 얼마를 남길 수 있을까? 배달이 꼬이거나 폭우 등 기상 악화 시에는 주인이 직접 배달을 해야 하는 경우까지도 생긴다.

배달을 흔히 앞으로 남고 뒤로 까진다고 말한다. 힘들게 매출을 올려서 엄청 바쁜데 실상 손익을 따져보면 실익이 적고 자기 월급만 받아가는 경우도 많다고 한다. 매출만큼 늘어나는 세금과 배달 구성품 누락, 정신건강을 해치는 평점 테러 등도 간과하기 어려운 부분이다.

자신이 취급하는 배달 품목의 원가율이 25% 미만이라면 도전해볼 만하다고 하겠다. 그렇다고 낮은 원가율을 맞추기 위해 저품질의 재료로 수익을 내려고 한다면 생각처럼 쉽지는 않을 것이다.

오토 매장의 달콤한 유혹

커피 매장과 24시간 음식 매장들은 오토나 반오토 매장을 하려는 사람들이 제법 많다. 오토 매장은 큰 노력을 쏟지 않아도 매장이 자동으로 돌아가고 꾸준한 수익을 낼 수 있다는 점에서 관심을 받고 있다.

하지만 실제로 오토 매장을 하는 지인을 보면 아르바이트나 직원이 비번인 시간대에 밤낮없이 수시로 대체근무를 해야 한다. 직원을 구하지 못하면 직접 빈자리를 채워야 해서 실제 오토 매장으로 편하게 돈을 벌어보겠다는 생각이 깨져버리게 되고 구인구직 앱, 인력사무소, 커피나 제빵 학원에 매번 연락하는 게 쉽지 않다.

매니저나 팀장급 직원이 부족한 자재들을 제때 발주하지 않으면 그것 때문에 직원과 말다툼이 생기고 직원이 일을 그만두면 새로운 직원을 구해야 하는 악순환에 빠진다.

코로나 방역 조치가 끝나고 24시간 음식점, 가령 설렁탕, 해장국, 순댓국밥집을 해보고 싶은 사람들이 있다면 이런 부분을 충분히 참고하는 게 좋다.

매장을 하나 더 내볼까?

매장을 운영하다가 사업을 확장하는 방법으로 본점 외에 2호점을 내는 경우가 생긴다. 가게 바로 옆이나 맞은편에 본관, 신관 이런 명칭으로 부족한 홀 면적을 늘리는 경우가 있고, 점포와 창고의 개념으로 식자재를 보관하는 곳을 마련하는 경우도 있다.

가장 걱정스러운 부분은 본점이 장사가 잘 안되니까 매출을 보완하기 위해 신규 점포를 내는 경우다. 동일한 종목으로 내는 경우가 특히 그렇고, 서로 다른 업종을 한다고 해도 문제가 된다. 매장이 늘어나면 관리 포인트가 2배로 늘어나는 게 아니라 3배 혹은 그 이상이 된다.

현재 매장의 위치가 안 좋아서 매출이 안 나오는 것이라면 고민해볼 부분이지만, 그런 경우가 아니라면 신규 출점은 정말 신중하게 고민해야 한다.

장사는 많이 팔아서도 남고, 한번 팔아서 남기도 한다

잘못 설정된 판매가가 아니라면 적당한 마진을 붙여서 많이 팔면 이익이 늘어나는 게 당연하다.

2016년부터 2020년까지 5년간의 커피 수입량 증가율은 사우디아라비아, 폴란드에 이어 한국이 전 세계 3위를 차지했다고 한다. 우리나라는 커피를 많이 소비하고 있고 실제로 커피 관련 개인 매장과 프랜차이즈가 엄청나게 활성화되어 있다.

브랜드 프랜차이즈의 경우는 일정 주기로 인테리어를 새로 하는 문제로 점주들과의 마찰이 있다. 최근에는 대형화 추세로 약 25~40평대의 매장으로 출점을 하는 경우가 많다. 규모의 경제로 점유율을 늘리고 인지도가 확보된 이후에는 디저트까지 취급하며 대형화를 추구하는 전략이다.

이렇게 변화가 시작될 때 기회가 찾아온다. 가령 내가 초기 오픈한 10~20평 정도의 소형 커피 브랜드 프랜차이즈라면 대형 평수로만 출점이 제한된 시점에는 희소성을 가질 수 있다.

은퇴자나 신규 진입하려는 예비창업자가 권리금을 제안하며 매장을 인수하고 싶다고 말하는 경우가 있다. 신규 사업자의 경우는 큰 평수를 꾸미고 운영하는 데 과도한 비용이 들어가게 되니 금전적으로도 부담스러워서 작은 매장을 찾게 되는 것이다.

잘 생각해보고 브랜드 파워가 갖춰진 매장이라면 적당한 때에 권리금을 받고 새로 떠오르는 프랜차이즈로 넘어가는 것도 괜찮은 전략일 수 있다. 장사는 작게도 매일 벌지만, 한번 팔아서 큰돈을 벌 때도 있는 것이다.

이 부장님

매장을 운영하려는 사람들이 가장 쉽게 생각하고 간과하는 부분이 인력관리인데, 사실 인력관리는 매장 운영에서 상당한 비중을 차

지한다.

우리 지역에서 영업 중인 사장님에게 들은 이야기에 따르면, 홀 서빙 아르바이트를 뽑았는데 몇 시간 근무 후에 내일부터 못 나온다고 통보하는 경우도 있고 근로계약서를 안 썼다는 이유로 100만 원을 지급해달라고 해서 화가 났지만 결국 좋게 합의하고 넘어가는 일도 있었다고 한다.

사람을 구하다 보면 식당의 경우에도 파산이나 회생 등 다양한 사연을 가진 사람들이 취업을 하고 있어서 근로계약서를 작성하기 어려운 경우가 있다. 하지만 이 경우에도 근로계약서는 일단 써둬야 한다. 차명계좌로 송금을 하든지, 직접 손으로 급여를 건네주든지 그건 나중 문제다.

아르바이트나 직원을 채용하고 실제로 일하는 모습을 보면 시간만 채우고 집에 가려는 직원이 있는가 하면 정말 열심히 하는 직원이 있다. 성격 차이겠지만 무뚝뚝한 사람, 다정한 사람, 잘 웃는 사람의 차이도 있을 것이다. 언젠가 한번은 단골손님이 불러서 가보니 직원이 무뚝뚝하고 불친절해서 기분이 좋지 않다고 한다. 직원이 적극적이고 열심히 하면 에너지를 같이 받고 즐거운 매장이 된다.

물이나 반찬, 안주를 손님에게 가져다주는 걸 귀찮게 여긴다면 좋은 인상을 받기 어려울 것이다. 그런 직원을 쓰게 되면 돈을 벌어다 주는 게 아닌, 손님을 까먹는 경우가 생긴다.

자기 사업을 오랫동안 하다가 코로나로 잘나가던 매장을 정리하고 직원으로 들어온 이 부장님이 그런 경우다. 나이가 58세로 꽤 많았지만, 사람이 착하고 성실해 보여서 채용을 했다. 오랫동안 자영업에서 갈고닦은 실력을 발휘하며 마치 자신의 매장인 듯 정말 열심히 일을 한다.

자기처럼 나이 많은 사람을 홀 서빙으로 뽑아준 사장님을 위해서 묵묵히 일할 뿐이라고 했지만 존경스러웠다. 일하는 시간이나 날짜에 상관없이 정시에 출근해서 손님들을 정성스럽게 응대하고 가격 협상을 하고 재미있는 이야기도 하며 좋은 기운을 내뿜었다. 다음에 매장을 하나 내게 된다면 이 부장님을 점장으로 보내겠다고 약속을 했다.

직원은 정말 소중하고, 손님에게 잘하라고 말로 백번 하는 것보다 금전적인 보상을 해주면 열심히 하는 경우를 더 많이 보게 된다.

직접 겪은 경험을 바탕으로 채용 시 피해야 할 직원은 다음과 같다. 매사에 부정적인 사람, 자기 주장이 강한 사람, 시간 약속을 잘 안 지키는 사람, 담배나 주식, 게임에 빠진 사람이다.

4

안정적인 창업을 위한
마지막 조언

기억하라, 당신이 도움을 원한다면 그것은 당신의 팔 끝에 있다. 나이
가 들면서 당신이 다른 손도 가지고 있음을 기억하라. 첫 번째 손은 당
신을 돕기 위한 것이고, 두 번째 손은 다른 사람들을 돕기 위한 것이다.

- 오드리 헵번(Audrey Hepburn)

자영업의 원칙

대부분의 사람은 '나는 다를 거야'라고 생각한다. 하지만 결국엔 나
도 그렇더라. 이 글을 통해 다루는 것들은 우리가 전혀 모르는 게 아
니라 대충이라도 들어봤거나 알고 있던 내용들이다.

원래 모든 일이 다 그런 것 같다. 알고 있지만 잘 안 하거나 못하는

것에서 차이가 생기고 도태된다. 각인효과를 위해 아래 3가지 부분은 역설적으로 내용을 적어보았다.

홍보하기

창업하고 가장 빨리 망할 수 있는 비법은 홍보를 전혀 안 하는 것이다. SNS, 블로그, 인터넷 카페, 전단 등 아무 곳에도 홍보를 하지 않고 오로지 맛이나 서비스로 정면돌파하겠다는 자세다.

대로변에 창업하는 경우가 아니라면 골목 안쪽에 있는 매장에 관심도 없는데 신비주의 마케팅을 한다면 알려지는 데 생각보다 시간이 걸리게 된다. 물론 자본금이 충분히 넉넉하다면 오히려 '찐 맛집'으로 소문이 나고 유명해지는 데 일조할 수 있을 것이다.

음식 맛이나 분위기로 SNS에서 핫한 장소가 되는 게 아니라면 자리 잡기 전에 빨리 망할 수 있으니 인테리어에 투자하지 않도록 조언한다.

SNS 마케팅과 블로그 마케팅은 어느 업체나 하고 있는 것이라 새로울 것도 없지만 그렇게라도 해서 손님에게 알리고 맛과 분위기로 평가를 받아야 한다.

사진은 사람들에게 관심을 끌어모은다

요즘 젊은 손님들이 음식점에 와서 사진을 찍고 음식을 먹어보고 이야기를 나누고 떠난다. 그리고 자신이 하고 있는 SNS에 사진을 올리며 오늘의 음식과 친구들과의 경험을 공유한다.

음식과 곁들여진 예쁜 접시, 멋진 플레이팅, 그리고 매장에 걸린 아름다운 그림, 혹은 푸짐한 양에 미치도록 내용물이 많은 음식의 비주얼이 아니라면 어떨까? 그런 메뉴들이라면 손님들이 사진을 잘 찍지 않고 SNS에 올리지도 않을 것이다.

오래 장사를 해서 맛집으로 소문난 수십 년 넘은 노포들 중에는 본래의 그 투박함이 예스럽고 정감이 가서 그 나름의 멋과 맛이 있는 곳도 많이 있다. 그런 곳은 그 나름의 맛과 분위기가 있고 그런 게 좋아서 찾아주는 손님이 있는 것이라고 생각한다. 만약 여러분이 그런 컨셉이 아니라면 사진을 찍어 공유하고 싶은 마음이 드는 음식을 제공해야 한다.

사진에 노출되게 하기 위해서 점포의 사장님들은 많은 아이디어를 낸다. 똑같은 중량이지만 넓고 얇게 펴서 왕돈가스라는 이름으로 팔기도 하고, 떡볶이에 통오징어 튀김을 넣어 사진 찍을 거리를 제공하기도 한다.

우리 매장에서는 골뱅이무침을 바닥에 평평하게 깔지 않고 탑처럼 쌓아서 제공하고 있다. 손님들이 다른 곳에서 보기 힘든 비주얼이라 사진을 찍고 공유한다.

시간과 돈

늘 화난 듯 무뚝뚝한 자세로 손님을 응대하고 친절한 손님들에게도 무뚝뚝하게 접대해서 불친절함의 대명사가 되어보자. 직원 교육이나 서비스 교육은 필요 없고, 내 가게니 내가 하고 싶은 대로 하면 개성 있고 좋은 가게가 될 것이다. 손님이 원하는 서비스를 제공하지 않고, 들어오고 나가는 손님들에게 인사도 안 하고 거만한 인상을 준다면 더 좋을 것이다.

가장 좋은 것은 고객 피드백으로 낮은 점수의 별점을 받는 것이다. 복구하는 데 시간도 엄청나게 많이 들고, 그것 때문에 손님의 방문율도 현저히 떨어지게 된다. 어느 정도 손님이 오기 시작한 시점에 좋지 않은 서비스 응대는 재방문율과 매출을 떨어뜨려서 1년 안에 없어지는 그런 매장이 될 것이다. 사장이 친절하지 않으면 직원들마저 그렇게 된다. 직원들에게도 CS 교육을 해서 매장 전체의 서비스 품질을 높여서 유지해야 한다.

시간은 돈이라는 말이 있는데, 우리 매장에 방문한 분들은 '시간과 돈'이라는 소중한 두 가지를 쓰러 방문한 소중한 손님이다. 손님 한 명 한 명에 진심을 다해 응대해야 하는 이유다.

당신 곁의 키다리 아저씨

창업을 준비하는 사람 중에 대충대충 하겠다는 사람은 별로 없을 것이다. 동네 커피집을 창업하려고 해도 자금의 여유 정도와 인테리어, 집기와 전자제품, 커피머신 등 알아보아야 할 부분이 많기 때문이다.

관심과 열정이 있는 사람들이라면 창업 전에 바리스타 학원을 다니고 인근 커피 매장에서 아르바이트로 일을 해보며 적응 기간을 거쳤으리라. 이런 과정에서 겪게 되는 일들을 누군가 미리 알려주고 도움을 받을 수 있다면 얼마나 좋을까?

서울시 자영업지원센터에 회원가입을 하면 얻을 수 있는 정보가 많이 있다. 대부분이 무료 강의로 이루어져 있고 온·오프라인 강의가 준비되어 있다. 서울시 자영업지원센터는 창업교육, 창업 전 컨설팅(상권 입지분석, 사업계획 점검), 창업 후 컨설팅(홍보 전략과 손익관리), 창업자금 지원을 해주고 있다.

서울신용보증재단의 경우는 예비창업자 컨설팅, 창업교육, 창업자금 지원, 자영업 클리닉(SNS 마케팅), 시설개선 자금 지원 등을 하고 있으니 같이 확인해보는 것이 좋겠다.

아울러 서울시 50플러스재단의 '찾아가는 우리 동네 자영업 반장' 사업은 이미 자영업을 경험해본 선배들이 초기 창업자들의 경영상태를 점검하고 애로사항을 파악하고 적절한 조언을 해주는 역할을 한다.

창업을 고민하는 많은 사람들이 다양한 전문가들의 세심한 케어를 받을 수 있는 공간들이다.

창업에 대해 막연한 환상을 갖는 것은 매우 위험한 일이다. 그렇다고 지나친 고민만으로는 창업을 하기 어렵다. 현실에서 내가 가진 기술과 자본, 그리고 진실함과 성실함으로 매장을 운영할 각오가 되어 있다면 절반은 성공할 수 있는 바탕이 된다고 생각한다.

피할 수 없으면 즐기라는 말들을 많이 하는데, 어차피 창업하기로 했다면 조금 더 충분히 고민하고 앞서 설명한 기관의 문을 두드리고 창업하기를 바란다.

요식업 창업에 도움을 받고 싶다면 미천하나마 내가 여러분의 키다리 아저씨가 되어드릴 수도 있으니 연락 주시라!

가까운 미래에 건강과 행복, 그리고 사업적 성공이 여러분께 가득하길 바란다.

쫄지 마!
너두 할 수 있어

1. 선택지 없는 퇴직

2. 모르니까 불안한 것이다

3. 나는 오늘도 나의 꿈을 꿈꾼다

오정우
창업설계 엔지니어

오정우 / 창업설계 엔지니어

◇ **학력**

호서대학교 벤처대학원 창업경영학과 재학(22년)

서울과학기술대학교 기계공학부 학사

◇ **경력 및 이력**

기계 설계 경력 25년(일본 주재원 6년)

6시그마 BB(한국품질재단)

정보처리기사(과학기술정보통신부)

바리스타 1급(한국커피재단)

◇ **이메일**

ojw307@naver.com

◇ **블로그**

https://blog.naver.com/ojw307

집필동기

'평온하십니까?'라는 말이 새삼스러운 세상이다. 커다란 굴곡 없는 평탄한 삶이란 게 있을까? 혹시 있다고 해도 그리 재미있는 인생이라는 생각은 들지 않을 것이다. 하지만 막상 고난이 닥쳐 현실로 다가오면 우리는 수많은 선택의 갈림길에서 헤매게 된다. 인생은 선택으로 이루어진 하나의 긴 끈과 같다. 잘못된 선택으로 도중에 꼬이거나 끊어지지 않도록 고민하고 노력 중이지만 그 목적지가 어디인지 뚜렷하게 정해놓고 가는 경우는 드물다.

앞만 보고 가다 보니 최선의 선택을 이어가더라도 중간 과정에 매우 험난한 상황과 마주치는 경우도 많다. 이런 경우 누군가의 도움의 손길이 절실하게 느껴진다. 아무런 준비 없이 낙관적으로만 살다가 벼랑 끝에 내몰려보니 그동안 안일했던 모든 것이 후회가 된다. '미리 사전에 조금이라도 준비를 해두었으면 좋았을걸' 하면서도 다시 되풀이되지 않도록 한번 더 되돌아보게 되고 이런 실패 경험과 도전 과정이 비슷한 처지의 분들에게 비록 딱 들어맞는 정답이 아닐지라도 하나의 참고 모델이 되어 후반부 인생 설계를 고민하는 분들에게 작은 도움이 되길 바란다.

선택지 없는
퇴직

누구나 자신의 운명을 결정할 수 있는 능력이 있다. 당신은 시련과 역경을 극복해서 당신이 원하는 현실을 충분히 창조할 수 있다.

- 알프레드 아들러(Alfred Adler)

준비 없이 찾아온 퇴직

'편안함에 이르렀는가?'

2018년 tvN에서 방영된 드라마 '나의 아저씨'에 나오는 대사이다. 별 생각 없이 스쳐갔던 이 대사를 지금 와서 곱씹어보며 스스로에게도 물어본다.

'나는 지금 편안함에 이르렀나?'

직장생활을 하는 대부분의 사람들에게 편안함이란 어떤 의미일까? 아마도 많은 사람들이 스트레스가 없고 미래에 대한 걱정이 없는 상태라고 생각할 것이다. 일에 대한 스트레스는 많은 편이었지만 그래도 미래에 대해서는 크게 걱정하지 않았다. 적어도 당장은 걱정하지 않아도 된다고 생각했다. 코로나가 전 세계적인 이슈가 되기 직전, 2019년은 내 인생에 있어 겪어보지 못한 커다란 시련으로 다가왔다.

기계 설계를 전공한 나는 졸업 시기에 맞춰 학과 선배의 권유로 같은 회사에 입사 원서를 냈다. 어떤 회사인지도 잘 모르는 상태에서 경험 삼아 치른 첫 입사 시험에 최종 합격하게 되었고, 운 좋게 전공을 살린 설계 부서로 발령받아 첫 직장 일을 시작할 수 있게 되었다.

사무기기를 개발하는 회사로 엔지니어가 1,000명이 넘는, 제조업 중심의 일본계 기업이었다. 세계 각국에 거점이 있는 글로벌 기업이기에 입사 후 몇 년 지나지 않아 나라 전체가 떠들썩했던 IMF 때에도 실적이 나쁘지 않았고, 국내 사정에 아랑곳하지 않고 해외 연수 등 과감한 투자를 통해 사세를 계속 늘려가는 상황이었다. 그래서 회사와 더불어 성장하다 정년퇴직하고 싶다는 작은 소망을 가졌던 기억이 난다.

'넥슨컴퍼니 사상 첫 정년퇴직자가 등장했다'라는 기사를 보았다. "엥? 이게 뉴스가 되는 건가?" 과거 부모님 세대에는 외벌이와 종신 고용이 대세였고 당연한 것으로 생각되었다. 그러다 차츰 소득과 물가의 불균형 및 여러 가지 이유로 인해 맞벌이가 대세가 되더니 지금은 정년퇴직이란 게 뉴스 기사가 될 정도로 고용시장의 환경이 바뀌었다. 코로나로 인한 경기 불황의 영향도 있겠지만 새로운 세대의 환경은 과거의 종속 환경을 탈피하려는 긱경제 (Gig Economy, 필요에 따라 사람을 구해 임시로 계약을 맺고 일을 맡기는 형태의 경제 방식) 중심으로 빠르게 바뀌어 가고 있다.

직장인으로서의 삶

외국계 기업이라서 그런지 당시 국내 기업들보다는 사원 복지 혜택이 많았다. 예를 들면 지금은 당연시하는 주 5일제 근무도 이미 실시하였고, 남녀 사원에 대한 진급 및 급여 차별도 상대적으로 적었다. 다국적 기업의 장점을 살려 각 거점 국가에서 실시되고 있는 품질 개선 활동을 배우고 서로 벤치마킹하여 도입하는 활동이 자연스럽게 이어졌다.

오늘날 품질은 필요를 넘어 당연시되는 필수사항이 되었지만 2000년대 초반에만 해도 도전 목표이자 달성 과제이기도 했다. 특히 일본 기업들의 우수한 품질에 맞서기 위해 미국에서 연구한 대안인 식스 시그마(six sigma)는 우리나라에서도 한동안 인기를 끌었다. 아마 한 번쯤은 들어본 적이 있을 것이다.

식스 시그마는 경영 개선 과정을 일정한 절차로 체계화시킨 프로세스로 품질 혁신 운동을 일컫는다. 시그마(σ) 수치가 오를수록 품질 만족도는 상승한다. 제조업의 경우 불량률 감소가 수익률로 이어지기 때문에 많은 기업에서 도입을 검토하는 분위기가 형성되었고, 근무하던 회사도 이런 분위기 속에서 자연스럽게 설계 분야에 접목하기 위해 식스 시그마 도입 활동을 실시하였다.

설계 업무에서는 통계학적으로 최적화된 실험을 통해 결과로 활용된 것들을 손쉽게 찾아볼 수 있다. 예를 들면 최고의 밥맛을 내기 위한 전기밥솥이다. 밥을 할 때의 온도와 시간, 솥의 두께, 솥의 재료, 압력, 물의 양 등등 많은 변수를 고려하여 최적의 제품으로 출시된 것들이 매장에 진열된 상품들이다.

잘 깨지지 않는 접시의 경우에도 접시의 강도를 올리기 위해 재료를 선정하고 각 재료들의 배합 비율과 가마 온도와 가열, 냉각 시간, 횟수 등등 모든 변수에 대해 기업의 노하우로 계속 발전을 하고 있을 것이다.

이렇듯 주변에서 쓰이는 생활용품 제작 등 이곳저곳에서 알게 모르게 식스 시그마가 활용되고 있다. 하지만 아무리 통계학적으로 유의미한 결과를 만들 수 있다고 하더라도 교육 및 실험 비용이 많이 들고 검증 시간이 길다는 단점으로 인해 일반 기업에서는 도입하는 데 걸림돌이 큰 것이 현실이다.

당시 설계 경력 11년차였던 나는 부서의 중간 위치로 자의라기보다는 타의에 가까운 형태로 부서 대표로 차출되었다. 교육은 40시간짜리 2회로 이론 학습과 실습이 병행되었다. 실습은 그나마 꽤 흥미롭게 진행되었지만 이론 수업은 학생 때와 비슷하게 지루한 시간의 연속이었다. 생소한 분야에 이론 중심의 내용이라, "차라리 내가 이 시간에 일을 더 하지 여기서 뭘 하나?" 하는 푸념도 했던 기억이 난다.

하지만 교육을 통해 내가 모르던 내용의 새로운 평가 기법을 접하는 것이 흥미로웠고 회사 일을 잠시나마 잊고 쉬어갈 수 있는 시간이었다. 알게 모르게 지나간 시간과 교육의 효과는 뜻하지 않았지만 시간이 많이 지난 어느 순간에 나에게 커다란 장점으로 다가오게 되었다.

사내에는 여러 가지 교육 평가 제도가 있었다. 그중에 자신만의 업무 팁, 혹은 전문 지식을 내부 전달 교육을 통해 사내 동료들에게 전달하는 활동이 있었다. 비자발적인 교육이었지만 BB(Black Belt) 자격 습득 후 사내 강사 활동 및 문제 해결에 적용한 것이 좋은 성과를 거두게 되었고, 사내 기술 포럼 대회에서 1위라는 영광을 누리기도 하였다.

참고 - 식스 시그마 레벨
Champion >> MBB(Master BB) > BB > GB(Green Belt)

뜻하지 않게 얻은 기회로 자신감이 올라가다 보니 일처리도 주도적으로 하게 되었다. 주변 동료들을 돕다 보니 신뢰가 높아졌고 좋은 성과로 이어진 결과, 전사 우수 사원으로 선정되었다. 덕분에 가족 해외여행이라는 포상을 받았다. 또한 일본과의 공동 개발을 위해 장기간 해외 주재원 생활을 하는 등 어쩌면 직장인으로서 가장 빛나는 시절을 보냈다고 할 수 있었다.

일본 주재원 생활을 마치고 국내로 돌아오니 동종업계 대기업에서 사업 확장을 위해 엔지니어 영입을 시도하고 있었고, 자연스럽게 나에게도 스카우트 제의가 들어왔다.

몇 년 전에도 스카우트 제의가 있었지만 또다시 스카우트 제의가 들어온 것이다.

'어떡하지?' 상당히 즐거운 고민이었다. '새로운 곳에 가서 뿌리를 내리는 것이 만만치만은 않을 텐데…' 하는 걱정과, 국내 대기업에서의 윤택한 생활이 머릿속에서 어지럽게 그려졌다. 대기업과 자신의 꿈을 키울 중소기업 모두 선발되어 둘 중 어디를 선택할 것인지 하는 그런 배부른 고민 말이다(큰물에서 놀아야 다음 기회도 온다는 게 지금 내 생각이다). 그 당시 한창 제품 개발을 하는 시기여서 이직은 매우 난감한 상황이었다. 특히 많은 도움을 준 선배를 배신한다는 것이 가장 마음의 걸림돌이었다.

"그래, 나중에 기회는 또 올 거야. 이번에도 때가 아닌 것 같다" 하고 몇 년 만에 온 2번째 제안도 거절했다(그로 인해 기회는 후배들에게 넘어갔고, 많은 사람들이 이직을 했다). 지금 와 생각하면 아쉬움도 많이 남지만, 그 당시 직장은 나에게 '성장과 자신감, 그리고 경제적 문제를 해결해주는 커다란 울타리'였다.

비자발적 실직자

그런데….

IMF(1997년 우리 정부가 IMF에 구제금융 자금 지원을 요청한 사건) 때도 아무 문제 없었고, 2008년 리먼브라더스 사태(미국 투자은행으로 파산보호를 신청하면서 글로벌 금융위기의 시발점이 된 사건) 때도 남의 일처럼 느껴졌다. 그런데, 잘나가고 별문제 없어 보이던 회사가 글로벌 통폐합으로 인해 한국 사업 중 영업본부만 남기고 싹 다 정리해버리는 웃지 못할 상황이 발생했다.

기술력은 일본이 앞서고, 생산 비용은 중국과 베트남이 저렴한 상황에서 시장 규모가 작은 한국 거점은 유지해야 할 필요가 없다고 판단한 결과일까? 객관적인 입장에서는 고개가 끄덕여질지 모르겠으나 막상 나의 일로 닥쳐오니 현실을 그대로 받아들이기가 어려운 상황이었다. 특히나 스카우트 제의가 왔을 때도 의리를 지키느라 대기업의 제안을 거절했는데 '너무한 거 아냐!' 하는 생각에 심한 배신감을 느꼈다.

사원들이 모여 데모도 하고 해결책을 찾기 위해 머리를 맞대도 이미 결론은 나온 상태로 무기력하게 그동안 쌓은 커리어가 무너지는 것을 지켜만 볼 수밖에 없었다. 회사를 상대로 한마음으로 투쟁해도 모자랄 판에, 정리 대상이 아닌 영업본부의 참여도는 낮았고, 사원들 간 분열과 분쟁으로 우리는 자멸하고 있었다.

회사의 생산본부 폐쇄 일정이 확정되자 침몰하는 배에서 탈출하듯 젊은 사원들부터 탈출 러시가 이어졌다. 하루하루 지날수록 늘어만 가는 주변의 공석으로 인해 차가운 현실이 더 크게 와닿았다. 물론 다른 직장으로 이직하는 동료들에게 축하 인사를 해야겠지만 사내 상황은 축하의 말을 전할 상황은 아니었다. 그렇다고 나가는 사람을 잡을 수도 없었다. 나가는 사람이 오히려 먼저 나가게 되어 미안한 마음에 남는 사람들에게 위로의 말을 건네야만 하는 암울한 날들이었다. 지금도 폐쇄된 직장 근처를 지나칠 때면 그때 느꼈던 온갖 만감이 교차한다. 이젠 현실이니 받아들이고 새로운 것을 준비해야만 했다.

비자발적 실직자란 본인의 의지와는 상관없이 직장의 사정이나 노동시장의 사유로 직장을 그만둔 사람들을 뜻하며 40~50대 비자발적 퇴직 49만 명, 5년 새 최대라고 한다.

본인의 의사와는 무관하게 2019년 벚꽃 피는 3월은 내 인생에서 가장 잔인하게 각인되었고, 비자발적 실직자는 남이 아닌 나의 이야기가 되었다.

2

모르니까
불안한 것이다

길을 아는 것과 그 길을 걷는 것은 분명히 다르다.

- 모피어스(영화 '매트릭스' 중)

내가 진학을 선택한 이유(아는 것이 많아야 할 일도 생긴다)

퇴직 후 초기에는 퇴직금도 있고 실업급여를 받을 수 있어 당장의 생활에는 큰 지장이 없는 것처럼 보였다. 코로나 초기 상황에 전 세계적인 사망자 확산으로 이동 인구가 급격히 줄다 보니 폐업하는 소상공인들도 늘어가고 경기가 악화되어갔다. 상황이 이러하니 주변에 실업자들도 늘어 상대적으로 퇴직이라는 위기감이 적게만 느껴졌다.

'나만 힘든 게 아니구나.' 그동안 의무적으로 알게 모르게 납부하고 있던 고용보험의 필요성도 새삼스럽게 알게 되었다.

'이 기회에 좀 쉬면서 새로운 것을 찾다 보면 어떻게든 되겠지.' 마침 온갖 취업포털에 올려놓은 이력서를 보고 헤드헌터로부터 연락도 오고 있던 상황이라 그리 나쁘지만은 않은 것처럼 느껴졌다.

퇴직한 동료 선배로부터도 연락이 왔다. "아무리 경기 안 좋아도 기계 설계 쪽이라 찾는 곳 많아. 걱정 말고 우선 이력서 좀 줘봐", "내가 너 하나쯤 못 챙겨주겠냐?" 등등 희망 섞인 말들을 했다.

한국고용정보원이 조사한 우리나라의 직업 수는 상상 이상으로 많다. 현황을 보더라도 내가 속한 '연구직 및 공학 기술직'은 타 직업에 비해 관련 직업도 많은 편이어서 전체 2위를 차지할 만큼 직업 수가 많은 업종에 해당한다. 그렇다 보니 한편으로는 안심도 되었다. '이렇게 할 일이 많은 업종인데, 내가 할 일이 없겠어?'

그러나 시간이 지나면 지날수록 생각했던 것과는 다르게 진행되었고 마음은 날로 조급해졌다. 그나마 기대했던 헤드헌터는 나이와 경력의 장벽으로 반복적인 막판 입사 취소 상황을 고려해 조건을 낮추어 지원하면 어떻겠냐는 제안을 했다. 이곳저곳 지원한 이력서는 늘어가는데 구직 사이트에 올려놓은 이력서 열람 횟수는 현저하게 줄어만 갔다.

재직 당시 퇴직하면 좀 쉬었다가 재취업하려고 했던 것이 참으로 순진한 생각이었나 보다. 경력단절의 시간이 늘어나니 회사가 문을 닫게 되더라도 재직 상태에서 구직 활동을 하는 게 그나마 좀 더 유리하다는 말의 의미를 느끼게 되었다.

20~30대의 경우는 거의 100% 동종업계에 재취업을 한다. 퇴직과 거의 동시에 재취업을 하여 경력의 단절 또한 발생하지 않는다. 물론 재취업한 직장의 수준은 다양했다. 젊고 능력 있으니 따스하고 든든한 울타리의 편안함을 잊지 못하고 다시 피고용인의 삶을 택하는 것이 일반적이다.

40대의 경우는 경력이 있긴 하지만 직급이 높은 탓에 재취업의 문은 확실히 좁았다. 그나마 눈높이를 낮추면 재취업이 가능했다. 한편 지인으로부터 소개받아 조그만 가게를 인수하는 방식으로 창업을 한 동료도 있다(경험 부족으로 몇 개월간 고생만 하다가 내 길이 아닌가 하며 폐업).

게다가 사회적으로 동학개미의 붐이 일었던 주식에서 대박의 꿈을 꾸며 전업투자자로 발을 내디딘 동료들도 있다. 주식뿐만 아니라 코인 투자로 대박이 났다는 뉴스도 흔히 접할 수 있었고, 동학개미를 넘어 서학개미까지 등장한 뉴스를 들어봤을 거다.

잘못된 선택

2019년 중순경부터 2020년 초여름까지 분위기에 휩쓸려 퇴직금의 일부로 자산증식을 꿈꾸며 주식을 처음 시작하게 되었다. 주식이란 것이 참으로 묘하다. 지난 과거의 차트를 보면서 종목을 분석하다 보면 아주 간단하다.

'저점에서 사서 고점에 팔면 손해 볼 일 있겠나?'라고만 생각한다. 근데 막상 접해보면 시장은 절대로 생각대로 움직이질 않는다.

처음 접하는 주식이라 리스크도 줄이고 배울 겸 소위 말하는 유료 주식 리딩을 이용하였다. '대박 투자, 수익률 100%, 하루 ○○만 원 수익 보장' 등등의 현혹되는 문구로 불특정 다수에게 유포되는 문자 혹은 전화를 받은 경험이 많을 것이다. 대부분이 검증 안 된 불량 유사 투자 자문업체라고 보면 된다.

유사 투자 자문업이란 증권 전문가 등을 자처하면서 불특정 다수의 투자자들에게 회비를 받고 추천주 투자 정보(소위 주식 리딩)를 제공하는 것을 말한다. 물론 정당하고 투명하게 운영되고 실적도 좋은 우수 업체들도 많다. 그런데 현실적으로 피해 사례가 많은 것은 부인할 수 없다. 몇 년 전 수백 명이 피해를 본 소위 '청담동 주식 부자 이희진 사건'을 계기로 당국의 관리가 강화되고 있으나 여전히 악덕 업체의 유혹은 이어지고 있고, 해지나 위약금과 관련한 처벌 규정이 없어 개인들의 피해가 계속되고 있다.

처음에는 수익이 좀 나는 듯했으나 시간이 갈수록 기대와는 다르게 희망에서 고문으로 처참해져갔다. 손실을 만회하기 위해 '잡주' 비중도 늘리다 보니 손실이 늘어만 갔다. 수익은 찔끔, 그것도 가끔. 손실은 크게. 사람 환장할 일이다. 여윳돈으로 투자하는 경우에는 비자발적 장기투자자가 되어 견딘다고 하지만 나와 같이 생활비를 목적으로 하는 투자자들에게는 견디기 힘든 상황이 이어졌다. 결국 매달 결제

되는 유료 비용에 손절로 인한 손실까지 개인적인 피해는 배로 늘어 갔다. 유료로 비싼 돈을 지불해가며 리딩을 받는데도 불구하고 손실만 커지고 있는데 업체에서는 팬데믹 공포라는 처음 겪는 상황이라며 남의 일처럼 변명만 하는 것에 정나미가 떨어졌다.

'하긴… 주식에 그렇게 자신 있는 사람들이라면 자기 것 투자하지 남 리딩하고 있겠나?' 이렇게 생각하니 더 이상 유료 리딩을 받을 이유가 없어 계약 해지를 하려고 했다.

그러자, 온갖 감언이설로 해지를 못 하게 꼬드겼다. 몇 번이나 회유 통화를 했는지 모르겠다. 손실이 있다고 하니까 VIP 회원 자격으로 옮겨주겠다고 하더니, 지금이 VIP 아니냐고 했더니 그럼 VVIP로 옮겨 주겠단다. 이곳에서도 손실이 커지니 특정 소수정에 VVVIP 방으로 옮긴단다.

'미치겠다. 도대체 이런 방은 무슨 기준에 몇 개나 있고 그 끝은 어디일까?' 하지만 결과는 별반 다르지 않았다. 이미 그곳은 나와 비슷한 사람들이 모여 VVIP가 아닌 '호구' 방이 되어 있었고 불만과 원성으로 가득 차 있었다.

이미 손실이 너무 커서 몇백만 원이나 되는 회비의 일부라도 건져야지 하는 마음이 컸던 터라 가입 시 손실이 나면 언제든지 자유롭게 해지해도 된다는 말대로 해지를 요청했더니 그다음부터는 연락이 안 되었다.

'어라? 이것들 봐라….' 카드사에 연락해서 할부 지급 정지 신청하고 고객 민원을 접수했다. 다음 날 그렇게 전화가 안 되던 유료 리딩 업체로부터 전화가 왔다. 귀가 아플 정도로 따져댔다. 악의적으로 민원을 접수하면 자기네들 페널티 먹고 사업 못 한다고, 그러면서 환불해줄 테니 고객 불만 민원을 철회해달라고…. 내가 악의적으로 민원을 제기했다고? 할 말 없다. 이들은 양심도 없나 보네. 정말 더 이상 상대하기도 싫은 사람들이었다.

근데 이들도 카드사가 무섭긴 한가 보다. 사용일수만큼 금액을 차감한 후 남는 금액을 돌려주는 걸로 합의를 하자고 제안해왔다. 사용한 일수에 대해서는 나도 어쩔 수 없다는 생각이 들어 동의를 했고 카드사에 합의했으니 민원 철회한다고 알렸다. 물론 나중에 딴소리할까 봐 녹취까지 다 했다.

그렇게 몇 주가 지난 어느 날 오후, 내 앞으로 웬 등기가 왔다. "헉! 이건 뭐야?" 법원의 지급 명령서다.

카드사에 부당한 압력을 가해 부득이하게 환불을 해서 손해가 발생했으니 계약서상에 기재된 사용 금액을 지급해달라고 유료 리딩 업체가 소송을 건 내용이었다. 난생처음 보는 소송장에 손이 떨린다.

'채무자는 카드사에 민원을 제기하는 방식으로 채권자에게 부당한 환불을 요구하였다. 카드사 민원이 한도에 달하게 되면 해당 카드사를 통하여 결제를 할 수 없게 되는 불이익을 받게 되는 채권자는 이에 채무자에게 임시로 돌려주는 수밖에 없었다'라고 주장하는 내용이었다. 부당 위약금으로 몇 배로 부풀려진, 천만 원이 넘는 금액이 보였다. 계약 당시 고지되지 않은 불법적인 내용이었다. 녹취 파일을 몇 번이나 반복해서 들어봐도 그들이 주장하는 내용은 어디에도 없었다.

머리가 멍해졌다.

다행히 인터넷 커뮤니티를 찾아보니 이런 사기 업체로 인한 피해 상담이 넘쳐났다. 뉴스에도 피해 사례가 많으니 조심하라는 이야기가 원망스럽게도 이제야 또렷이 들렸다. 피해자가 많다 보니 공동 대응하는 모임도 많았다. 이곳에 도움 요청을 하다 보니 의외로 도움의 손길이 이곳저곳에서 많이 왔다. 너무나도 고마운 사람들이 많았다. 대부분이 사비를 들여 법무사 혹은 변호사의 도움으로 당면한 문제에 대응하고 있었고, 그들의 도움을 받아 급한 대로 이의를 제기하고 향후 대응 방향에 대한 조언을 받았다. 법적으론 말도 안 되는 싸움이지만 막상 닥치게 되면 정신적인 공포와 두려움, 시간적인 문제로 합의하는 경우 또한 적지 않다고 한다.

기나긴 우여곡절 끝에 이곳저곳의 도움을 받아 재판 직전 원고의 소 취하로 재판 법정까지는 가지 않았지만 이미 정신적으로 많이 피폐해진 상태였다. 대다수의 경우에는 1심에서 승소 판결을 받더라도 원고 항소로 2심까지 가서 승소 판결을 받아야 종결되는 경우가 대부분이니 이걸로 위안 삼아야 하는 상황이었다.

소송 문제가 완결되고 나서 남은 주식은 손실을 감수하고서 처분해 버렸다. 근데 이게 또 사람 환장하게 만든다. 내가 처분한 주식들은 내가 처분함과 동시에 상승에 상승을 이어갔다.

'그냥 주식이라도 손절 없이 그냥 놔두었으면 지금쯤이면 원금은 회복되었거나 피해 금액을 줄일 수 있었을 텐데…' 후회가 막심했지만 이미 엎어진 물인데 어쩔 수 없었다. 주변에서는 주식 관련 금융상품에 투자를 많이 했는지 수익률 자랑하는데 난 무슨 꼴이야⋯. 아⋯ 눈물이 난다. 내가 원망스럽다.

앞만 보는 경주마

미래에셋은퇴연구소(2019)의 조사에 따르면 50~60대 퇴직자의 75.8%는 비자발적으로 준비 없이 퇴직한 후 다시 노동시장에 재취업 한다는 조사 결과를 발표했다.

50대 이후 고학력자의 퇴직 후 삶은 정말 난감한 상황이다. 학력은 높지만 전 직장에서 담당했던 일 이외에는 뚜렷하게 할 줄 아는 것이 없다 보니 정신적으로 겪는 충격이 그만큼 크다고 할 수 있다. 경제적 으로 가장 돈이 많이 필요한 시기이지만 퇴직으로 인해 생계 문제가 현실로 다가오면 인생 설계나 향후 목표 같은 것은 생각할 겨를도 없 이 우선은 눈앞의 문제부터 해결하기 위해 이제껏 그랬던 것처럼 무조 건 달리고 본다. 앞만 보는 경주마처럼⋯.

비자발적인 퇴직자들의 향후 진로 대처 행동을 분석한 논문이 눈에 띈다. 평소에는 보이지 않던 것이 막상 닥치고 나니까 신기하게도 눈 에 잘 띈다.

목표 수립형	퇴직 상황에 자신을 되돌아보고 정보나 지원을 잘 활용하여 주도적으로 구체적인 준비와 방법을 찾아서 앞으로 나아감
경력 유지형	자신이 축적해놓았던 인적자원을 잘 활용하여 새로운 인생의 분기점으로 출발함
대안 발견형	새로운 기회가 올 것이라는 기대감을 가지고 자신이 좋아하는 일을 찾아서 미래를 향해 나아감
무계획형	현실을 체념하고 자신이 없는 생활을 하면서 모든 것을 내려놓고 미래의 막연한 준비를 시도함

박상우, 2019

같은 시기에 퇴직한 주변 동료들을 보니 아래와 같은 사례별 성향이 보인다. 나는 어떤 유형에 속하는 걸까? 다른 건 몰라도 무계획형만은 피하고 싶었다.

성향	사례
목표 수립형	40대 후반(남): 퇴직하기 2~3년 전부터 귀농에 뜻을 품고 착실히 준비 후 퇴직과 동시에 귀농. 현재는 착실히 정부지원금을 토대로 사업 확장 계획
경력 유지형	50대 중반(남): 전기 전공자로 업무의 연장선상에서 퇴직 후 1년 정도 수험 생활 후 전기기사 자격증 취득. 전기 점검 회사에 재취업하여 현장 업무 중. 업무량 조절이 가능한 프리랜서로 수입은 적지만 시간을 활용해 창업 준비
대안 발견형	50대 초반(남): 평소 관심이 많던 건축 분야에 국민내일배움카드를 활용하여 6개월 교육 이수. 관련 자격증 취득 후 한옥 관련 창업을 위해 고민하던 중 제조 업종에 재취업
무계획형	50대 초반(남): 지인의 권유로 노래방을 인수. 운영 초기부터 코로나 사태로 개점휴업

'구직자'는 증가하는데 기업은 '직원 감축'이 지속되고 있다. 지난해 실업급여 지급, 비자발적 퇴직자 수는 역대 최대라고 한다. 재취업을 해도 상황이 녹록하지 않다. 그나마 재취업에 성공한 분들의 이야기를 들어보면 기존 업무에 비해 열악해진 처우에 정신적, 육체적으로 많은 고생을 하고 있다고 한다. 고생하는 것에 비해 수입이 많이 부족하다 보니 N잡러도 고민 중이라고 한다. 슬프지만 위로되는 건 활동량이 많아져 예전보다 건강이 좋아진 것 같다고들 헛웃음을 짓는다.

"나도 소상공인 창업을 해야 하나? 근데 뭘 하지?"

2020년 소상공인 실태 조사 결과를 보면 자신만의 사업을 직접 경험하고 싶어서 창업하는 경우가 많은데, 막상 현실에서는 상권의 쇠퇴와 경쟁 심화라는 경영 애로의 장벽이 기다리고 있는 게 현실이다.

준비 없이 달려들었다가는 어려운 결과가 예상이 된다. 주식시장에서 많이 겪지 않았던가. 누구에게나 창업에 대한 생각은 있다. 다만 그것이 언제 닥쳐오느냐, 그리고 준비된 상태에서 맞이하느냐 아니냐의 차이일 뿐이다.

비로소 마주한 현실

현실이 그렇다면 조금 더 일찍 준비해보는 것도 좋지 않을까?

자격증도 좋지만 정작 쓸 일이 없는 자격증에 시간을 낭비하는 것보다는 정말 필요한 곳에 시간 투자를 해야 한다. 재취업? 자격증? 개인사업? 뭐가 현명한 판단인지, 내가 뭘 잘할 수 있을지 끊임없이 스스로에게 질문했지만 쉽사리 답을 찾지 못한 채 시간만 흘러갔다.

정답이 아닐지는 모르지만 많은 부분에서 귀결되는 결론은, 개인 창업을 하든 뭘 하든 남이 해주는 게 아니라면 결국 스스로 홀로서기가 돼야 한다는 것이다. 그러면 뭘 어떻게 준비해야 하지?

"대학원 한번 진학해보는 건 어때?"

생각지도 않던 일인데 느닷없이 훅 들어온 아내의 제안에 많은 고민이 되었다. '이 나이에 당장 생활비가 필요한데 뭘 더 배운다고 나아지겠어?' 애들도 대학생이고 이미 집사람도 대학원에 재학 중인데 나까지 진학을 하게 되면 온 집안이 대학생으로, 학비만 해도 웬만한 직장인의 연봉 수준이다.

근데 한편으로 생각해보면, '투기를 해서 돈을 잃는 것보다는 자신에게 투자하는 건 뭐라도 남지 않을까?', '아니, 몰라서 이곳저곳에 돈을 까먹느니 돈과 시간이 들더라도 배우는 게 확실하지 않을까?' 하는 생각이 들었다. 결정하기가 어려웠다.

'그래, 남은 인생 아직 길다. 좀 더 길게 보자.'

독서를 통한 지식 축적에도 매력을 느껴 자기계발, 독서법 등등의 많은 책들을 읽었고 100일 100권 읽기에 도전해 짜릿한 성취감도 맛본 적 있다. 근데 독서를 한다고 해서 머리가 깨어 당장 내 삶이 바뀌지 않는다는 것 또한 알게 되었다. 물론 독서를 통해 획기적으로 삶이 바뀐 사람들의 이야기도 들어봤지만, 막상 내 삶에 적용해보려고 하면 쉽지 않았다.

하지만 독서 활동을 통해 깨달은 것이 있다. '길을 아는 것과 그 길을 걷는 것은 분명히 다르다'는 것이다.

'기술 엔지니어였던 내가 어떤 것으로 창업을 할 수 있을까?'

고민을 덜고자 창업대학원 교수님께 상담 요청을 했다. 그런데 교수님의 이력을 듣고 나와 비슷한 상황을 이미 걸어오셨다는 것을 알게 되었다. 남다른 생각이 또 하나의 성공으로 이어질 수 있다는 생각이 들었다. 엄청난 행운처럼 느껴졌다. 애써 롤모델을 찾으려고 해도 이렇게 잘 들어맞기는 힘들 것 같았다.

지금은 융합 경쟁력이 대세이다. 설계자였던 경력이 잘만 융합된다면 가보지 않았던 길이 나의 길이 될 수 있을지도 모르겠다는 생각이 들었다. 교수님은 본인처럼 출판은 가성비가 가장 좋은 콘텐츠(Contents) 개발 방법이라고 하셨다. 출판을 통해 자신을 브랜딩(Branding)하고 자격증보다는 학위와 논문을 통해 깊이를 더하며 사업계획서와 강의 콘텐츠로 세상과 소통하며 성장해가라는 조언에 크게 공감이 갔다.

특히 대학원이란 곳은 내가 경험하지 못한 분야의 전문가들이 동기, 선후배로 많이 포진해 있다. 그 속에 합류해서 나만 포기하지 않는다면 작더라도 그만큼 내가 할 수 있는 일도 많아질 것이다. 물론 내 것으로 만드는 데는 많은 노력이 필요하겠지만 그것은 온전한 나의 몫이다.

'그래, 이 시기를 내 인생의 터닝포인트로 만들어보자! 좀 늦으면 어

때. 급하더라도 돌아갈 이유는 이걸로 충분해.'

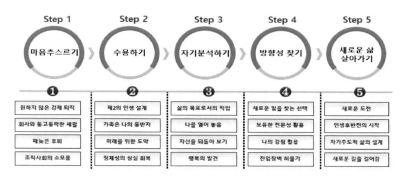

출처: 박상우, 2019 중장년 비자발적 퇴직자의 진로 대처 과정 모형

    우연히 보게 된 논문에서 나의 상황과도 잘 맞아떨어지는 퇴직자의 대처 과정 모형이 눈에 띄었다. 퇴직 직후에는 이것저것 마음이 혼란스러워 '마음추스르기' 기간으로 보낸 것 같다. 그리고 어느 정도 시간이 경과하여 현실을 받아들이고, 제2의 인생 설계를 준비하는 과정이 된 것 같다.

    '내가 여기쯤인 것 같은데, 그렇다면 다음은 뭐지? 음… 자기분석하기와 방향성 찾기네.'

    정말 신기하다. 이정표처럼 내가 겪은 갈등과 고민해온 길, 갈 길이 보이는 듯하다. 갑자기 대학원에서의 학습 과정을 통해 새로운 삶을 살고 싶다는 욕구가 강하게 느껴졌다. '그래, 무작정 달리다가 너무 지쳐 쓰러지지 않도록 잠시 쉬면서 주변도 둘러보자.' 그렇게 해서 난 새로운 도전의 길을 찾아나섰다.

3

나는 오늘도
나의 꿈을 꿈꾼다

<><><><><><><><><><><><><><><><><><><><><><><><><><><><><><><><><><><>

새로운 목표를 세우거나 새로운 삶의 꿈을 꾸기 위해 결코 늦은 때
란 존재하지 않는다.

- C. S. 루이스(C. S. Lewis)

준비된 자만이 얻을 수 있다(직장인에서 자본가로)

직장인들이라면 다들 한번쯤 생각해봤을 말, '그만둔다, 때려치운다.'

"저 그만뒀어요(I Quit)". 최근 유튜브에서는 3040 젊은 직원들의 '퇴사' 경험과 노하우
(Know-how)를 공유하는 영상이 넘쳐난다. 인스타그램에서는 '사직'을 뜻하는 '샵레지그네
이션(#resignation)'이 종종 눈에 띈다. 신종 코로나바이러스감염증(코로나19) 사태 이후 미
국과 유럽 등 전 세계를 강타하고 있는 '대사직(great resignation)' 현상이다.

출처: 한경비즈니스 '大사직 시대, 늘어나는 퇴직' 기사 중 일부 발췌

미 노동부 통계에 의하면 지난해 10월 기준으로 일하는 사람과 구인 중인 사람의 비율이 61.6%라고 한다. 팬데믹(Pandemic)이 시작되기 전인 2020년 2월 63.3%를 밑도는 수치로, 핵심 생산 인구인 25~54세 노동자층의 일터 복귀가 더디다고 한다. 가고 싶어도 갈 곳이 없는데, 오라고 해도 오는 사람이 없다는 게 아이러니하다.

나의 진로

우리나라의 40~50대는 자기 자신을 위해 무언가 딱히 해본 적이 없는 세대인 것 같다. 그래서 과거 세대도 그랬듯이 퇴직 후 삶에 대한 준비가 부족했고 갑작스러운 환경 변화에 적응하기 위해 고군분투하고 있는 중이다.

딱히 잘하는 것은 떠오르지 않는다. 그렇다고 그동안 해왔던 설계 업무는 다시 하기 싫었다. 그동안 근무하면서 스트레스가 심해서 오래 못 살 것만 같았고, 일을 하면서 즐겁다고 생각이 들었던 게 언제였는지 생각도 잘 나질 않는다. 그래서 늘 새로운 곳을 기웃거리게 되었다.

그래서일까? 취미 삼아 커피 바리스타 자격증이나 도전해 볼까 하고 6개월을 투자하여 자격증을 땄는데 자격증보다는 배우는 과정이 정말 재미있게 느껴졌다.

그리고 타로도 배워보고(근데 이건 공대생이었던 내 머리로는 너무 초월의 세계였다), 이것저것 배워보고 책을 읽다 보니 취미를 살려 창업을 하는 사례도 많은데 내가 너무 창업이란 분야에 대해서 모른다는 생각이 들게 되었다. 불안감은 무지에서 오는 것이니 알면 좀 더 편안하게 선택이 가능할 것이란 생각이 들었다.

최근에 접한 『나는 나를 브랜딩하기로 했다』라는 책에서 작은 카페 창업디자이너 최성문 작가의 「카페지기를 꿈꾸는 40대 현실가장들에게 - "여보, 나 카페 한번 해 볼까?"」라는 글이 눈에 띄었다.

그의 경험은 내가 생각했던 길을 간접적으로 느끼게 해주었다. 이미 비슷한 상황과 경험을 거친 사람들의 성공 스토리가 의외로 가까이에 많이 있다. 남이 만들어놓은 것이 아닌, 내가 만들어갈 수 있다는 사례들을 듣고 보면서 나도 하면 될 수 있겠다는 희망을 보았다.

비록 느리고 어설프더라도 일단 하면 뭔가 바뀔 수 있다는 막연한 기대감과 자신감이 생긴다. 드물기는 했지만 내 작은 경험과 도움으로 인해 누군가가 위안받고 웃을 때 스스로 느끼는 보람은 매우 컸다. 그래서 나와 비슷한 과정에 있는 사람들에게 내 경험과 사례를 참고삼아 또 다른 시작과 동기부여가 되길 바라는 마음을 담은 글을 쓰고 싶다는 욕심도 생긴다.

회사의 크고 작은 문제 해결을 위해 잔업, 야근, 특근, 휴일 근무 등 많은 시간을 집중했던 적이 수없이 많았다. 잔업을 위해 식당으로 향하던 중 문득 이런 생각을 했다. '그런데 정작 나를 위해, 나의 미래를 위해 잠시의 시간이라도 집중해서 고민해본 적이 있었나?'

많은 생각이 스쳐 지나간다. 후회된다.

'나의 진로(進路)는 무엇일까?'

진로의 사전적 의미는 '앞으로 나아가는 길'이다. 그런데 어디로 나아갈지 모른다면 자신의 삶이 무엇 때문에 바쁘고 무엇 때문에 어려운지 알 수가 있을까?

따라서 어떤 방향으로, 어떤 목적으로 삶을 살아갈지를 정하는 것이 무엇보다 중요하다. 물론 그 목적지에 이르는 수단은 사람, 나이, 상황, 의식 수준마다 각기 서로 다를 수 있다.

우리는 보통 한 가지 직업을 가지고 평생 현역으로 안정되게 일할 수 있기를 희망한다. 분명 직장인과 자영업자 간의 장단점은 있다. 현재 피고용인으로 일하고 있더라도 평생직장이 없다는 것은 인지하고, 직장에 다니면서 동시에 자신만의 브랜드(Brand)를 쌓아가는 도전을 해보는 것은 어떨까?

현실에 안주하며 닥치지 않은 먼 미래를 준비한다는 것은 말처럼 쉽진 않다. 그렇기 때문에 막상 우려가 현실이 되었을 때는 준비되지 못한 상태로 내몰리는 것이 일반적이다. 나 역시 그러한 상황을 크게 벗어나지 못했다.

도서관이나 서점에 가보면 창업에 관련된 책들은 많다. 자기계발을 위한 책들처럼 읽을 때는 무언가 가슴이 벅차오르지만 책을 덮는 순간 열정은 거품 꺼지듯 가라앉았고, 무언가 기대에 차서 읽게 되지만 막상 읽고 나면 실체 없는 희망만 가득 안은 채 기억 속으로 사라져버렸다. 아마 자신의 현재 상황과 동떨어진 이야기처럼 온전히 자기 것으로 받아들이지 못했기 때문이리라.

돈이 많아 이것저것 닥치는 대로 재미 삼아 해볼 수 있는 상황이 아니라면, 준비 없는 창업보다 오롯이 자신에게 먼저 투자하기를 권한다. 지식 창업의 자본은 자신의 지식과 경험을 결합하여 타인에게 좋은 영향력으로 전달될 수 있도록 하는 것이기 때문이다.

나는 오늘도 꿈꾼다

후회는 했던 일보다는 하지 못했던 일들에 대한 것이 대부분이라고 한다. 도전한다고 누구나 성공하는 것은 아니다. 그러나 자신도 모르는 잠재력을 일깨우고 자신에게 투자(잠재력과 의식 전환)한다면 그 이후가 달라질 수 있다.

아는 만큼 보이고 보이는 게 많아지면 할 수 있는 일도 많아진다. 단순히 눈앞의 현실에 현혹되어 미래를 외면하는 우(愚)를 범하지 않기를 바란다. 물론 많이 안다고 해서 성공이 보장되거나 보다 나은 삶으로 바로 이어지지는 않는다. 하지만 리스크(Risk)를 최소한으로 줄이는 것만으로도 충분한 가치는 있다고 생각한다. 그렇기에 본인 스스로 배우고 충분히 고민해서 내린 결론이라면 설사 후회할 일이 생긴다 하더라도 과감히 해보고 후회하기를 바란다.

직장생활을 하는 것 자체가 누군가에게는 부러움의 대상일 수 있다. 사무실로 출근하는 것, 번듯한 명함, 사원증 자체가 누군가의 꿈이 될 수 있다. 하지만 이 세상에 영원한 것은 없다.

지금의 누군가에게는 꿈처럼 느껴지는 것이 언젠가는 가치를 잃고 사그라드는 때가 온다. 그렇기 때문에 지금부터라도 준비해야 한다. '문이 있어도 열지 않으면 그건 벽과 같다.' 그래서 난 내 앞에 놓인 문을 열어보려고 한다.

창업대학원 지도교수이신 박남규 교수님의 조언을 귀담아들으며 첫 1년은 출판과 논문을 준비하고, 졸업할 때까지 사업계획서에 도전해볼 계획이다. 물론 계획한다고 되는 것도 아니고 시행착오도 많이 겪을 것이다. 하지만 후회하지 않기 위해 도전해볼 생각이다.

100세 시대! 다시 리스타트(Restart) 해야만 하는 세상에서 50대는 결코 늦지 않은 나이다. 과감한 도전은 좋으나, 무모하게 이길 수 없는 싸움에 도박처럼 뛰어드는 것은 자제해야 한다. 창업 노하우(Know-how)가 없다면 배워서 만들면 된다. 그동안 경험했던 것을 녹여 내게 맞는 새로운 것을 만들어낼 수만 있다면 인생 후반부가 많이 달라지게 될 것이다.

25년간 설계 분야에서 일해왔던 경험을 살려, 나와 같은 입장의 엔지니어가 창업을 할 때 성공적인 아이템 발굴과 창업을 할 수 있도록 돕는 창업설계 엔지니어로서 나의 브랜드(Brand) 가치를 만들어가고 싶다.

나는 오늘도 꿈꾼다.

기대에 찬 희망의 꿈을!

• 김경민 | 국내 1호 입시취업디렉터

책 출판이 버킷리스트 중 하나였는데, 좋은 분들 덕분에 이루게 되어 정말 감사하게 생각합니다. 책을 쓰며 지난 삶을 돌아보는 과정은 의미 있었습니다. 앞으로도 더욱 노력해 많은 사람들에게 긍정적인 영향을 미치고, 동기부여를 제공하는 존재가 되겠습니다. 끝으로 아내에게 늘 고맙고 사랑한다는 말을 전합니다.

• 전혜린 | 핸드메이드크리에이터

살면서 한번은 책을 쓰고 싶다고 생각했습니다. 이렇게 우연한 선택과 시작으로 그런 날이 올 줄은 몰랐습니다. 박남규 교수님과 한현정 강사님, 그리고 함께 집필에 참여한 모든 작가님 덕분으로 완주할 수 있었습니다. 소중한 경험을 발판 삼아 더 발전하고, 베푸는 사람이 되도록 노력하겠습니다.

• 이선영 | 미래 이커머스 전문가

첫 공저가 종지부를 찍었습니다. 미래 이커머스 전문가로 퍼스널브랜딩을 구축하는 과정이 벅찬 기회이자 값진 경험이었습니다. 내 이야기가 꿈꾸는 이들에게 작은 희망이 되기를 소망합니다. 함께 달려온 작가님들과 많은 지도편달을 해주신 박남규 교수님, 한현정 강사님께 감사드립니다.

• 박상현 | 공감 사업계획자

창업을 하면서 나만의 어렵고 힘들었던 과정을 글로 남기고 싶었는데, 이번 공저의 기회를 통해 책을 낼 수 있게 되어 매우 기쁘게 생각합니다. 다음에는 사업계획서를 쓸 때 어떻게 써야 정부지원사업에 합격할 수 있는지에 대해서 나만이 가지고 있는 절대 노하우를 공개하려고 합니다.

• 이나경 | 취·창업지원 전문가

나를 찾는 첫 번째 프로젝트! 작가 이나경으로 세상을 향해 나아갈 수 있는 길을 열어주신 박남규 교수님과 한현정 강사님, 동행해주신 학우님들께 진심으로 감사의 마음을 전합니다.

• 김동선 | 발효음식문화 전문가

지난날을 돌아보고 미래를 설계해보는 좋은 기회였습니다. 블로그나 일기장에 끄적이는 글과 달리, 구성과 형식을 갖추어 종이에 인쇄되는 글이라는 부담 때문에 힘들었지만 그만큼 값진 시간으로 기억됩니다. 이 글을 읽는 모든 독자에게도 작게나마 보탬이 되는 시간으로 기억되길 바랍니다.

- **백경흠 | 창업 백선생**

주변에 많은 자영업자 사장님이 있지만, 우리가 궁금한 것을 직접 물어보긴 어렵습니다. 저는 어쩌다 왜 자영업을 하게 되었고, 어떤 일들을 겪었고, 또 자영업은 할 만한지에 대해 독자 입장에서 궁금할 만한 부분을 다뤘습니다.

- **오정우 | 창업설계 엔지니어**

과정은 힘들었지만 많은 분의 도움으로 부족한 나의 이야기가 글로 형상화되었다는 것이 놀랍습니다. 다시 한번 고개 숙여 감사드립니다. 배움이 앞서야 시행착오도 줄이고 성과는 키울 수 있다는 단순한 진리를 깨닫기 전까지 많은 실패를 할지도 모릅니다. 성공하려면 성공한 사람들의 무리 속에 있으라고 합니다. 당신이 서 있는 곳이 어딘지 살펴보고 준비하는 시간을 가지길 바랍니다.

문화로 창업하다

박남규 | 18,800원 | 348쪽

창업경영전문가 박남규 교수의 문화 창업 지침서!
문화를 생각습관과 행동양식으로 정의하고
혁신적인 창업 및 마케팅 방법론을 제시하다

열한 가지 찐 창업 이야기

호서대학교 글로벌창업대학원생 창업사업가 11명 | 15,000원 | 304쪽

창업을 전공한 대학원생들의 생생한 경험이 녹아 있는
자기계발 에세이